BC 2333
고조선 건국
천제 환인의 손자이며 환웅의 아들인 단군이 아사달에 도읍을 정하고 건국한 나라. 우리나라 최초의 국가로 우리 민족의 전통과 문화의 중심이 되는 국가임.

BC 108
고조선 멸망
한(漢) 무제의 침입으로 왕이 살해되고 멸망함. 한나라는 낙랑·진번·임둔·현도에 군현을 설치하고 직접 통치에 나섬. 이 무렵 부여, 동예, 옥저 등의 주변국이 있었음.

BC 37
고구려 건국
천제의 아들 해모수와 하백의 딸 유화 사이에서 태어난 주몽이 부여를 떠나 졸본에 세운 나라. 주몽은 동명왕, 추모왕으로 불림.

BC 200년경
삼한시대
한반도 남쪽의 진(唇)이 마한·진한·변한으로 형성됨.

BC 57
신라 건국
자주색 알에서 태어난 박혁거세가 여섯 촌장의 지지를 얻어 거서간이 된 후 세운 나라. 국호를 서라벌이라 함.

BC 18
백제 건국
주몽의 두 아들 온조와 비류가 남하하여 하남 위례성(서울)과 미추홀(인천)에 각각 도읍을 정했다가 온조가 통합하여 나라 이름을 백제라 고침.

한국사 연표

금관가야 건국
하늘에서 내려온 알에서 깨어난 김수로에 의해 금관가야가 건국됨.

- 21년 — 고구려, 대무신왕이 부여 공격
- 32년 — 호동왕자의 활약으로 고구려, 낙랑 정복
- 42년 — (금관가야 건국)
- 53년 — 고구려, 동옥저 정복
- 65년 — 신라 국호 '계림'으로 바꿈
- 194년 — 고구려, 진대법 실시
- 209년 — 고구려, 환도성으로 천도
- 244년 — 위나라 관구검, 고구려 수도 환도성 함락함
- 300년 — 고구려 미천왕, 요동의 서안평 공격
- 313년 — 고구려 미천왕, 한사군 멸망시킴
- 346년 — 백제 근초고왕, 고구려 침입하여 고국원왕 전사시킴
- 356년 — 신라, 왕호 '이사금'에서 '마립간'으로 바꿈
- 400년 — 신라 내물왕 요청으로 고구려 광개토대왕 파병
- 413년 — 광개토대왕 사망

선덕여왕 (善德女王, ?~647년)

신라 제27대 왕(?~647)으로 우리나라 최초의 여왕이다. 성은 김(金), 이름은 덕만(德曼)이며, 김춘추에게 중국 당나라의 원군을 청하게 하여 백제를 침공하고, 9년(640)에는 당나라에 유학생을 보내어 그 문화를 받아들였다. 여자가 임금이 된다는 사실에 반대하는 이들도 많았지만 이에 굴복하지 않고 진정으로 백성들을 아끼는 정치를 펼쳐 후대에 존경을 받은 위대한 인물이다.

연표

- **414년**: 장수왕, 광개토대왕비 세움
- **427년**: 고구려, 평양으로 천도
- **433년**: 신라와 백제, '나제동맹' 맺음
- **475년**: 백제, 웅진으로 천도
- **494년**: 부여, 고구려에 투항
- **503년**: 신라, 국호를 '신라'로 왕호를 '왕'으로 고침
- **512년**: 신라 이사부, 우산국 정벌
- **527년**: 신라, 불교공인
- **532년**: 금관가야 멸망
- **538년**: 백제, 사비(부여)로 천도
- **598년**: 수, 문제 고구려 1차 침입(실패)
- **612년**: 수, 양제 평양성 공격(실패) 을지문덕 '살수대첩'
- **642년**: 고구려, 연개소문 정권 장악(대막리지에 오름)
- **645년**: 고구려, 당나라에 대승(안시성 싸움)

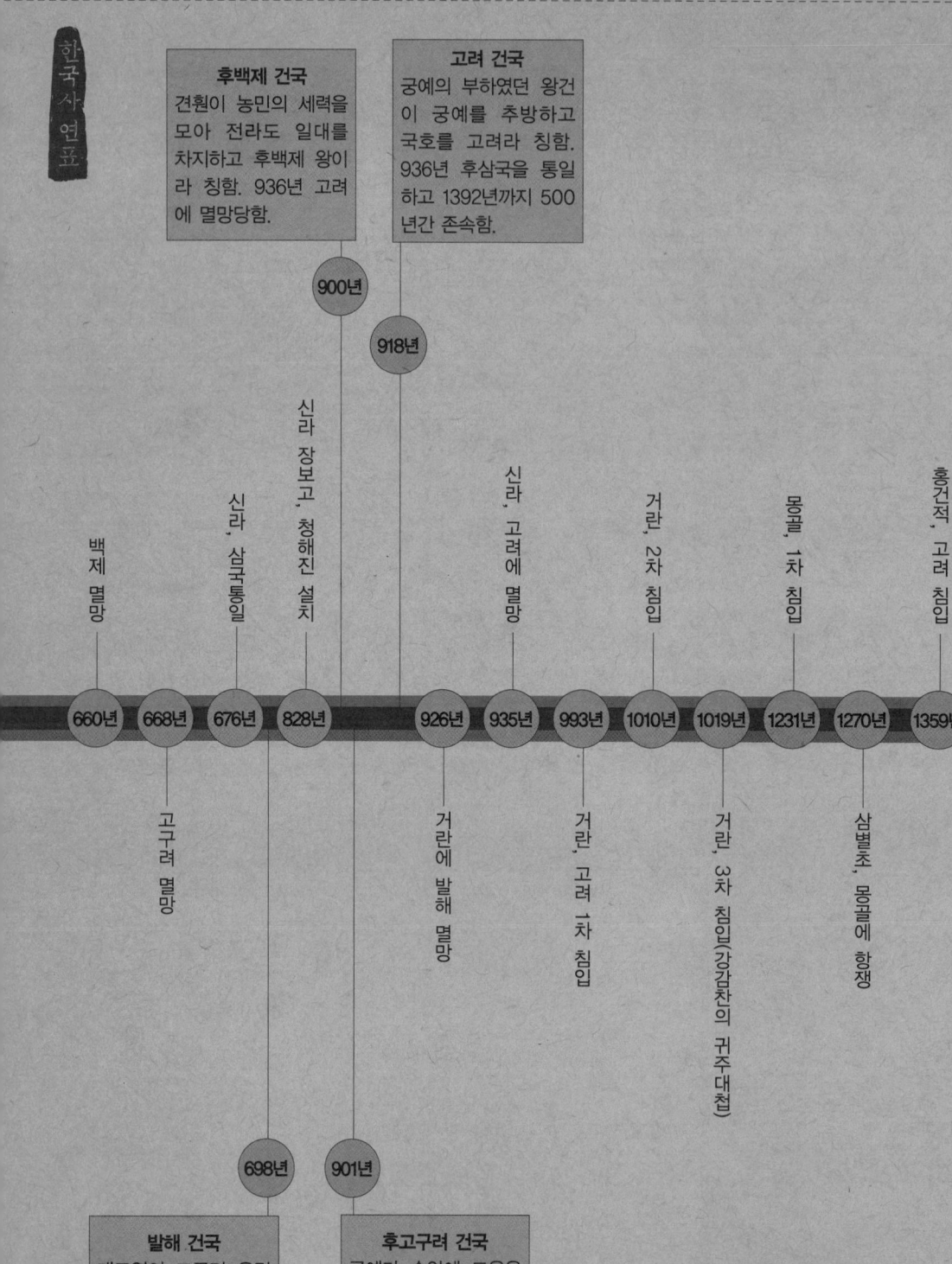

논술로 되새기는 한국의 인물

선덕여왕

글 민병덕 / 논술 손민정 / 그림 이도헌

한국의 인물 **선덕여왕**

글 | 민병덕
논술 | 손민정
그린이 | 이도헌
펴낸이 | 전채호
펴낸곳 | 혜원출판사
등록번호 | 1977. 9. 24 제8-16호

편집 | 장옥희 · 석기은 · 전혜원
디자인 | 홍보라
마케팅 | 채규선 · 배재경 · 전용훈
관리 · 총무 | 오민석 · 신주영 · 백종록
출력 | 한결그래픽스
인쇄 · 제본 | 현문인쇄

주소 | 경기도 파주시 교하읍 문발리 출판문화정보산업단지 507-8
전화 · 팩스 | 031)955-7451(영업부) 031)955-7454(편집부) 031)955-7455(FAX)
홈페이지 | www.hyewonbook.co.kr / www.kuldongsan.co.kr

善德女王

선덕여왕

글 민병덕 / 논술 손민정 / 그림 이도헌

1. 아, 선덕여왕
2. 산 따라 강 따라
   -가족과 함께 떠나는 체험학습
3. 생각과 표현
   -전문가가 제시하는 논술문제 10

머리말

　우리나라 학생들에게 신라에 대해 물어보면 대개 다음과 같이 대답합니다.
　'삼국 통일을 한 나라', '당나라를 끌어들여 삼국을 통일한 나라' 등입니다.
　그럼 '삼국 통일을 하는데 가장 크게 공을 세운 사람이 누구냐?'고 물으면 그 대답은 한결같습니다.
　'김유신', '김춘추', '문무왕' 등의 이름이 나옵니다.
　학생들에게 선덕여왕은 그저 우리나라의 여자 임금이었다는 정도입니다.
　선덕여왕은 여성으로서 우리나라에서 최초로 나라를 이끌었던 인물입니다. 그리고 신라가 고구려와 백제를 통일하는데 바탕을 닦은 임금입니다. 만약에 선덕여왕이 없었다면 신라의 삼국 통일은 좀 더 시간이 늦추어지거나 이루어지지 못했을 것입니다. 학생들에게 꿈과 희망을 줄 수 있는 선덕여왕이기에 새로운 눈으로 살펴야 할 것입니다.
　학생들이 선덕여왕에게서 배워야 할 점은 다음과 같습니다.
　첫째, 도전 정신입니다.
　선덕여왕은 남자들만이 임금이 된다는 공식을 깨어 버린 최초의 인물입니다. 남성 중심의 사회인 고대사회에서 공주로서 당당히 임금의 자리를 도전하면서 패기와 용기를 가졌던 인물입니다.
 둘째, 모든 사람들을 껴안아 주는 포용 정신입니다.
 선덕여왕이 임금에 즉위할 때는 고구려와 백제의 침입이 잦았던 어려운 시기였습니다. 이 시기에 신라는 여자가 임금이라는 이유로 나라가 분열의 위기를 맞게 되었습니다. 그러나 선덕여왕은 자신을 반대하던 사람까지 껴안는 포용 정신을 발휘하여 신라 백성들을 하나로 묶었습니다. 그리고 황룡사 9층 탑을 건립하여 백성들에게 희망을 주어 더욱 단결하게 만들었습니다.
 셋째, 과학 정신입니다.
 신라시대에 천문과 날씨를 관측하는 일은 하늘이나 추측에 의할 뿐이었습니다. 선덕여왕은 농업이 중심 산업인 신라시대 백성들이 천문과 날씨를 과학적으로 관찰할 수 있도록 첨성대를 만들었습니다. 첨성대의 원리는 조상들의 과학적인 지혜를 엿볼 수 있게 해 줍니다.
 역사는 쉬지 않고 흘러갑니다. 흘러간 역사는 다시 들추어내지 않으면 다른 나라 사람들이 훔쳐갑니다. 선덕여왕의 역사를 교훈 삼아 어려운 시기를 이겨내는 지혜로 삼았으면 합니다.

민 병 덕

이 책의 특징

이 책은 단순한 위인전이 아닙니다. 위인전이며, 또한 체험학습의 길라잡이이고, 논술의 기초를 다지는 책입니다. 우선 그 구성을 살펴보면 다음과 같습니다.

01 아, 선덕여왕

위인의 일대기를 상세하게 다루되 삽화를 넣어 이해를 돕도록 하였습니다. 재미있는 소설처럼 꾸며져 있어 '위인전은 딱딱하고 재미없다'는 선입견을 가지고 있는 독자라면 생각을 바꾸게 될 것입니다.

초등학생의 경우 본문의 내용만으로도 이해가 충분합니다. 그러나 역사를 깊이 알고자 하는 어린이들을 위하여, 또 중학교·고등학교에 진학하여서 배우게 될 것을 미리 제시하여 한 번 읽은 책으로 끝나는 것이 아니라 그 연계성에 중점을 두었습니다. 본문의 가장자리에 '풀이'란을 만들어 역사적인 사건이나 사물, 관련 인물, 생소한 용어 등을 깊이 풀이하였습니다. 한 단원이 끝나면 관련 있는 '신라시대 이야기'를 소개하고 있습니다. 또한 '우리 역사 깊이 알기' 코너가 있어 역사에 관한 해박한 지식을 얻을 수 있어 청소년이나 부모님들에게도 유익한 책입니다.

훗날 선덕여왕이 되는 덕만 공주와 동생인 천명 공주, 선화 공주 등 세 자매의 어린 시절, 덕만 공주가 여자로서 최초로 임금의 자리에 오르는 과정과 백제의 서동 왕자와 사랑에 빠지는 선화 공주 이야기, 삼국 통일의 기틀을 마련한 선덕여왕의 활약이 흥미진진하게 펼쳐집니다.

02 산 따라 강 따라 — 가족과 함께 떠나는 체험학습

기존의 위인전처럼 위인의 일대기를 다룬 내용에서 그치지 않고, 위인과 관련된 역사적인 현장을 체험할 수 있는 장을 마련하였습니다. 가족과 함께 떠날 수 있도록 교통편이나 위치, 둘러보아야 할 것들을 자세하게 안내하고 있습니다. 신라를 대표하는 도시 '경주'의 아름다움과 매력을 느낄 수 있습니다.

03 생각과 표현 — 전문가가 제시하는 논술문제 10

단순한 읽기가 아닌 생각을 키우는 장을 마련하였습니다. 현재 학교에서 논술을 담당하고 계신 선생님이 책 내용을 토대로 논술문제를 출제, 출제된 논술에 대한 학생의 답안을 선생님의 지도로 첨삭을 가하는 과정과 완성된 답안을 제시하여 자신의 생각을 기를 수 있도록 하였습니다.

논술 능력은 학습하여 얻는 것이 아닙니다. 논술은 어렸을 때부터 자신의 느낌과 생각을 정리하는 것에서부터 시작됩니다. 곧 습관이 논술 능력을 좌우하게 됩니다.

100권의 책을 읽었다고 자랑하기보다는 한 권의 책이라도 정독을 하고 그 내용을 자신의 것으로 만드는 것이 더 중요합니다. 이 책을 통하여 선덕여왕과 자랑스러운 천 년의 도시 경주 등 총체적인 역사를 깊이 있게 알게 되기를 바랍니다.

머리말

이 책의 특징

1. 아, 선덕여왕

1. 아버지가 임금이 되다 — 12
신라시대 이야기 01 | 화랑이 원래 여자들의 모임이었다고요? — 20

2. 세 명의 공주 — 22
신라시대 이야기 02 | 삼국의 치열한 싸움터, 한강 — 42
우리 역사 깊이 알기 | 신라시대의 아름다운 장신구 — 44

3. 아버지를 돕다 — 46
신라시대 이야기 03 | 수양제가 113만 대군설, 과연 가능한 일이었을까요? — 54

4. 혜안(慧眼)을 지니고 — 56
신라시대 이야기 04 | 신라시대에는 여왕이 3명 있었는데 결혼은 하였을까요? — 70

5. 선덕여왕을 도운 김유신(金庾信)과 김춘추(金春秋) — 72
신라시대 이야기 05 | 옛날 사람들은 어떤 스포츠를 즐겼나요? — 93

6. 백성들을 위하는 정치를 하다 — 96
신라시대 이야기 06 | 옛날에도 기상 천문대가 있었나요? — 109

7. 선덕여왕을 사랑한 지귀 — 112
신라시대 이야기 07 | 옛날에는 어떤 장신구를 착용했을까요? — 119
우리 역사 깊이 알기 | 천 년의 도시 — 경주 — 122

8. 통일의 기반을 닦다 — **130**
신라시대 이야기 08 | 신라시대에는 남자들도 화장을 했다면서요? **140**

9. 당나라와 가까워지다 — **143**
신라시대 이야기 09 | 옛날에는 남자도 귀걸이를 했다면서요? **160**

10. 황룡사 9층 탑을 세우다 — **162**
신라시대 이야기 10 | 탑을 왜 나무로 만들었을까요? **171**

11. 반란을 진압하다 — **174**
신라시대 이야기 11 | 옛날에는 연(鳶)이 장난감이 아닌 군사 장비로 사용되었다면서요? **186**

12. 자신의 죽음을 알다 — **188**
신라시대 이야기 12 | 옛날에도 여자들은 화장을 했을까요? **191**

2 산 따라 강 따라
1. 선덕여왕의 숨결을 느끼면서 **198**
2. 부끄럽게 만난 선덕여왕 **205**

3 생각과 표현
전문가가 제시하는 논술문제 10 **210**

1. 아버지가 임금이 되다

진흥왕
신라 제24대 왕(534~576). 성은 김(金), 이름은 삼맥종(三麥宗)·심맥부(深麥夫). 한강 하류 지역을 빼앗아 삼국 통일의 기반을 마련하였고, 변경에 순수비를 세웠다. 팔관회를 처음 열었으며, 황룡사를 지어 불교 진흥에 힘썼다. 또 화랑 제도를 창시하고 《국사(國史)》를 편찬케 하였으며, 가야금을 제작·연주하게 하는 등 문화 창달에도 이바지하였다. 재위 540~576년.

신라
우리나라 삼국시대의 삼국 가운데 기원전 57년 박혁거세가 지금의 영남 지방을 중심으로 세운 나라. 수도는 경주였고, 진흥왕 때에 가야를 병합하였으며, 태종 무열왕 때에 백제를, 문무왕 때에 고구려를 멸하고 삼국을 통일하였으나, 935년에 고려 태조 왕건에게 망하였다.

공헌
힘을 써 이바지함.

수렴청정
임금이 어린 나이로 즉위하였을 때, 왕대비나 대왕대비가 이를 도와 정사를 돌보던 일. 왕대비가 신하와 정치적 일을 의논할 때 그 앞에 발을 늘인 데서 유래하였다.

연호
연대를 나타내기 위해 쓰는 이름.

진흥왕眞興王은 신라新羅의 발전에 큰 공헌貢獻을 한 임금 중 한 명이다. 6세 때인 540년에 임금의 자리에 올랐으나 너무 어린 탓에 법흥 왕비인 김씨가 수렴청정垂簾聽政을 하였다.

551년, 임금이 된 지 12년 만에 진흥왕은 다음과 같은 발표를 하였다.

"앞으로 연호年號를 '개국開國'으로 하노라."

백성들과 관리들은 이를 무척 기뻐하면서도 한편으로는 두려워하였다.

"이러다가 당나라가 쳐들어오기라도 하면……."

"고구려와 백제의 침입도 막기 힘든데……."

"아니오. 이제 우리나라도 힘을 기르면 되지 않겠소?"

"그럼, 고구려와 백제와 어깨를 나란히 할 수가 있어."

진흥왕이 수군거리는 관리들을 향해 말했다.

"왜 우리나라가 고구려의 침입을 받을 거라고 생각하는 게요?"

진흥왕의 말에 관리들은 고개를 숙이고 대답을 하지 못했다.

"왜 말들을 못하시오?"

"황공하옵니다."

관리들은 더욱 머리를 조아렸다.

"내 생각은 오직 하나, 모든 것이 군사적인 힘이 약하기 때문이오. 그렇지 않소이까?"

그러자 거칠부居柒夫가 나섰다. 거칠부는 진지왕眞智王 때 화백和白회의의 의장인 상대등上大等을 지내기도 했다.

"폐하, 고구려와 백제를 우리가 먼저 공격하면 그들의 침략을 막을 수가 있을 것이옵니다."

"그렇소. 우리가 선제 공격을 하는 거요. 그러기 위해서는 군사를 길러야 하오."

진흥왕의 말에 관리들은 웅성거렸다.

"어린 군사들을 키워야 합니다. 관리들의 아들과 일반 백성들로 낭도郎徒를 기르고, 이들을 이끄는 화랑花郎을 우두머리로 훈련을 실시하면서 국선國仙이나 원화源花/原花로 하여금 총지휘하게 해야 합니다."

진흥왕의 명령으로 그동안 거칠부는 화랑에 대해 연구를 했던 것이다. 거칠부의 말에 관리들은 당황한 모습을 보였다. 자기 자식이 전쟁터에 나가 혹시 잘못되지 않을까 해서였다. 잠시 숨을 고른

거칠부
신라의 장군·상대등(?~579). 성은 김(金). 진흥왕 6년(545)에 《국사(國史)》를 편찬하였고, 진흥왕 12년(551)에 백제와 연합하여 고구려 영토 10군을 점령하는 등의 공을 세웠다.

진지왕
신라 제25대 왕(?~579). 성은 김(金), 이름은 사륜(舍輪)·금륜(金輪). 내리서성(內利西城)을 쌓아 백제의 잦은 침공을 방비하였다. 상대등 거칠부에게 국사를 맡겼으며, 중국 진(陳)나라에 조공을 바쳐 화친하였다. 재위 576~579년.

화백회의
신라시대 때 나라의 중대사를 의논하던 회의 제도. 의결 방법은 만장일치제였다. 처음에는 경주의 육촌(六寸) 사람들의 회의였으나 뒤에는 진골 이상의 귀족들 회의로 변하였다.

상대등
신라시대 때 나라의 정권을 맡았던 으뜸 벼슬을 이르는 말. 법흥왕 18년(531)에 두었고, 화백과 같은 귀족 회의 의장도 겸하였다.

낭도
신라시대 때 둔 청소년 민간 수양 단체. 문벌과 학식이 있고 외모가 단정한 사람으로 조직하였으며, 심신의 단련과 사회의 선도를 이념으로 하였다. =화랑도

화랑
신라 때의 청소년의 민간 수양 단체. 문벌과 학식이 있고 외모가 단정한 사람으로 조직하였으며, 심신의 단련과 사회의 선도를 이념으로 하였다.

국선
화랑의 지도자.

원화
신라시대 때 사회의 전통적 가치와 질서를 익히며 예절과 무술을 닦던 청소년 단체. 화랑(花郞)의 전신(前身)으로서, 진흥왕 때 귀족 출신의 처녀 두 명을 뽑아 단체의 우두머리로 삼고 300여 명의 젊은이를 거느리게 하였으나 서로 시기하는 폐단 때문에 폐지하고 남성을 우두머리로 하는 화랑으로 바꾸었다.

계율
불자(佛者)가 지켜야 할 규범. 계는 깨끗하고 착한 습관을 익혀 지키기를 맹세하는 결의를 이르며, 율은 불교 교단(敎團)의 규칙을 이른다.

세속오계
화랑(花郞)의 다섯 가지 계율. 진평왕 때에 원광(圓光)이 정한 것으로, 사군이충·사친이효·교우이신·임전무퇴·살생유택을 이름.

대가야
6가야 가운데 지금의 경상북도 고령 지방에 있던 부족 국가(42~562). 한때 6가야 중 가장 우두머리 국가였으나 신라에 멸망하였다.

호시탐탐
범이 눈을 부릅뜨고 먹이를 노려본다는 뜻으로, 남의 것을 빼앗기 위하여 형세를 살피며 가만히 기회를 엿봄. 또는 그런 모양을 말함.

거칠부가 말을 이었다.

"화랑과 낭도들이 지켜야 할 계율戒律도 정하였습니다."

거칠부의 말에 진흥왕은 기뻐하며 말했다.

"어서 말해 보시오."

"원광법사가 정한 계율을 '세속오계世俗五戒'라고 하옵니다. 임금께 충성을 다하며, 부모님께 효도를 행하고, 친구 간에는 믿음이 있어야 하며, 전쟁에 나가서는 물러나지 말아야 하고, 산 것을 함부로 죽여서는 안 된다는 것입니다."

거칠부의 말에 진흥왕은 만족해하였다.

"좋습니다. 이 계율을 바탕으로 전쟁에서 승리를 거둘 수 있는 '화랑도'를 길러 보시오."

이리하여 화랑도는 신라의 중심적인 군대가 되었다.

진흥왕은 고구려와 백제를 공격하여 승리를 거두었다. 한강을 차지하고 대가야大伽倻를 정복하였으며, 고구려가 차지한 함경도까지 국경선을 넓혀 나갔다.

이렇듯 계속해서 승리를 거두던 진흥왕에게도 슬픔이 다가왔다. 바로 큰 아들인 동륜이 세상을 떠난 것이었다.

"태자! 태자!"

진흥왕은 안타깝게 태자를 불렀지만 태자는 다시 눈을 뜨지 않았다. 그러나 진흥왕은 마냥 슬퍼할 수만은 없었다. 북쪽에서는 고구려가, 서쪽에서는 백제가 호시탐탐虎視眈眈 신라를 노리고 있었기 때문이었다. 나라의 혼란을 막기 위하여 죽은 태자를 대신하여

동생인 금륜을 태자로 삼았다. 그리고 임금에 오른 지 36년, 42세의 젊은 나이로 진흥왕은 세상을 떠났다.

진흥왕의 뒤를 이어 금륜이 25대 진지왕眞智王이 되었다. 그러나 진지왕은 아버지가 쌓아온 업적을 지키지 못했다. 매일 술을 마시며 노는 것을 즐겼으며, 백성을 다스리는 일은 소홀하였다. 그 틈을 타 고구려가 신라의 국경선을 조금씩 빼앗아 갔다.

"폐하, 고구려의 침입을 막아야만 하옵니다."

"군사를 일으켜야 하옵니다."

관리들이 아무리 간청을 하여도 진지왕은 들을 체도 하지 않았다. 백성이나 관리들은 진지왕을 겁쟁이라며 비난하였다. 특히 진지왕이 제대로 고구려를 막을 대책을 세우지 못한 것에 대해 조카 백정의 불만이 컸다. 백정은 이찬伊飡 노리부와 후직을 불렀다. 노리부는 침착하고 슬기로워 따르는 사람이 많았으며, 후직은 22대 임금인 지증왕智證王의 증손이었다. 지증왕은 우산국于山國을 정복하고 백성들을 위하여 소를 농사에 이용하게 하였으며, 왕호를 처음으로 사용하면서 신라를 더욱 부강하게 했던 임금이었다. 그런 증조할아버지의 피를 이어받은 후직은 무예에도 뛰어났으며 바른 말을 잘하는 곧은 성격을 가졌으므로 따르는 낭도들이 많았다.

"이찬, 이대로는 안 되겠어요. 삼촌이 임금에 오른 지 사 년이 되었지만 계속 고구려에게 밀리고 있습니다."

"그래서요, 어떻게 하시겠다는 말씀입니까?"

백정은 두 사람을 바짝 앞으로 불렀다.

이찬
신라의 17관등 가운데 둘째 등급. 자색 관복을 입었다. 진골만이 오를 수 있는 직위였다.

지증왕
신라 제22대 왕(437~514). 성은 김(金), 이름은 지대로(智大路)·지도로(智度路)·지철로(智哲老). 국호를 신라로 정하고 왕이라는 칭호를 처음으로 사용하였다. 순장법(殉葬法)을 금하고 농사를 장려하여 우경법(牛耕法)을 처음으로 시행하였으며, 울릉도를 점령하여 국토를 개척하고, 중국식을 따라 왕에게 시법(諡法)을 사용하기 시작하였다. 재위 500~514년.

우산국
오늘날의 울릉도와 독도에 있던 나라. 512년에 신라에 멸망하였다.

"두 분만 믿고 말씀드리는 겁니다. 이번 화백회의에서 왕을 쫓아내고……."

노리부가 손을 입으로 가져갔다.

"그럼 새 임금은 누구를……."

그러자 백정은 머뭇거렸다. 노리부는 알았다는 듯이 말했다.

"알겠습니다. 소신이 힘껏 도와드리지요."

노리부의 말을 이어서 후직도 말했다.

"소신도 목숨을 바쳐 도와드리겠습니다."

백정은 노리부와 후직이 도와준다는 말에 힘을 얻었다. 두 사람의 손을 맞잡은 백정이 말했다.

"두 분의 힘을 바탕으로 더욱 발전하는 신라를 건설합시다."

"알겠습니다."

드디어 계림에서 화백회의가 열렸다.

진지왕 역시 좌우에 신하를 거느리고 화백회의에 참석했다. 백정도 회의에 나갔다. 회의에서는 고구려와 백제의 침입을 어떻게 막을 것인가가 집중적으로 논의되었다.

"고구려와 백제의 침입을 어떻게 해야 막을 수 있겠소?"

진지왕이 말했다.

"폐하의 잘못이 크다고 생각합니다."

노리부가 진지왕에게 직접 대놓고 말했다. 노리부의 말에 진지왕의 표정이 일그러졌다.

"과인의 잘못이라고요? 무슨 말씀을 그렇게 하신단 말이오?"

그러자 곧은 말을 잘하는 후직이 나섰다.

"폐하께서 물러나셔야 하겠습니다."

후직이 진지왕 앞에서 꼿꼿한 자세로 말하자 진지왕은 몸을 움츠렸다.

"과인이 무슨 잘못을 했다는 것입니까?"

진지왕이 저항하였다. 그러자 후직이 진지왕의 잘못을 하나하나 말하기 시작하였다.

"신라를 이끌어 가는데 부족한 것을 말씀드리지요. 먼저 고구려와 백제의 침략을 효과적으로 막지 못했으며, 백성을 다스리는데 소홀하여 더욱 어려운 생활을 하게 했습니다. 더구나 술로써 시간을 보내고 있으니 더욱 나라가 어지러워질 것은 당연한 일입니다."

후직의 계속되는 말에 화백회의에 참여한 관리들은 모두 고개를 끄덕였다. 마침내 화백회의의 의장인 거칠부까지 나섰다. 사실 거칠부는 진지왕이 임금이 되는데 제일 공이 큰 사람으로, 그 공으로 신라의 국무총리이며 화백회의 의장인 상대등에 오른 사람이었다.

"이제 임금 자리에서 물러나시기 바랍니다."

거칠부의 말에 노리부와 후직이 함께 나섰다.

"임금의 자리를 물려받을 김백정 왕자님께 양위讓位하시기 바랍니다."

"양위하시기 바랍니다."

화백회의에 참석한 관리들이 모두 진지왕이 물러나기를 바랐다.

'내가 여기에서 물러나지 않겠다고 하면 죽일 것이 아닌가?'

양위
임금의 자리를 물려줌.

죽음이라는 생각이 들자 진지왕은 임금의 자리에서 물러나기로 마음을 먹었다.

"알았소. 그대들의 뜻을 따르겠소."

진지왕은 자리에서 일어나 쓸쓸히 회의장을 떠났다.

진지왕이 나가자 노리부가 말했다.

"이제 신라의 임금은 김백정 왕자님이십니다."

곧이어 후직이 외쳤다.

"어서 임금의 예를 올리십시오."

후직의 말에 화백회의에 참여한 관리들이 일제히 김백정에게 무릎을 꿇었다.

"목숨을 바쳐 충성을 다하겠사옵니다."

"그대들의 충성스러운 마음은 이미 알고 있었소. 이제 할아버지이신 진흥왕의 뜻을 이어받아 더욱 발전하는 신라를 건설하는데 힘을 쏟도록 합시다."

김백정의 말에 관리들은 일제히 소리쳤다.

"폐하의 뜻을 따르겠습니다."

이리하여 김백정은 신라 26대 진평왕이 된 것이다. 때는 579년이었다.

 | 신라시대 이야기 | 01

화랑이 원래 여자들의 모임이었다고요?

　신라에는 원화原花라는 여성 모임이 있었습니다. 남모南毛와 준정俊貞이라는 아름다운 두 처녀를 중심으로 3백 명이 모인 단체였습니다. 그러나 이 두 여단장은 서로 시기를 했습니다. 결국 준정이 남모를 자기 집으로 유인하여 억지로 술을 권해 취하게 한 뒤 강물로 밀어 죽인 사건이 발생했습니다. 이 일이 발각되어 준정은 사형에 처해지고, 그 무리는 화목이 깨져 해산하고 말았습니다.

　그 뒤 이러한 제도의 필요성이 다시 부각되자, 남자를 뽑아 '화랑' 또는 '국선國仙'이라 부르고 낭도들이 이들을 따르게 하였습니다. 이때 화랑은 귀족 출신으로 외모가 출중하며 덕행이 높은 사람을 선출했습니다. 이들에게 화장을 시켜서 대장으로 받들게 하니 그들을 따르는 사람이 많이 모여들었다고 합니다.

　초기의 화랑도는 그다지 영향력이 있는 조직이 아니었으나, 6세기 중반경인 진흥왕대에 이르러서 그 역할이 매우 커졌습니다. 국방 정책과 관련해 화랑도를 나라에서 직접 운영했고, 총지휘자에 국선(원화, 화주라고도 함)을 두고 그 밑에 화랑이 있어 각각 자기 부대를 지휘하게 했습니다.

　화랑의 총지휘자인 국선은 원칙적으로 전국에 한 명이었고, 화랑은 보통 서너 명에서 칠팔 명에 이를 때도 있었으며, 화랑이 거느린 각 부대의 낭도는 수천 명에 이르렀

습니다.

 이처럼 수천 명의 낭도를 거느리기 위해서는 국선이나 화랑이 낭도에 비해 권위가 있어야 했으므로 화장을 한 것으로 보입니다.

 그러나 또 다른 의견으로 화랑도가 그 기원을 여성에 두었기 때문이라는 설도 있습니다.

 화랑도는 신라가 삼국을 통일한 문무왕(재위 661~681) 대까지 약 백 년 동안 그 활약이 매우 뛰어났으며, 국난을 극복하는데 크게 공헌을 했습니다. 이들의 정신적 밑바탕은 원광법사(圓光法師)의 '세속오계(世俗五戒 : 事君以忠, 事親以孝, 交友以信, 臨戰無退, 殺生有擇)' 입니다. 화랑도가 세속오계를 계율로 삼았고, 낭도 중에 승려가 많았던 것으로 보아 불교의 영향을 많이 받은 것으로 풀이됩니다.

 불교와 더불어 화랑도에 영향을 준 것은 도교 사상으로 모든 일을 거리낌 없이 처리하고 묵묵히 자신이 맡은 일을 실천하는 것이 노자老子의 가르침입니다.

 그러나 화랑도가 신라에만 있었던 것은 아닙니다. 중국의 《후한서後漢書》〈동이전〉을 보면 우리 옛 사회에 소년들이 모이는 집이 있는데, 이를 '소년 유축실少年有築室' 이라고 했다는 기록이 나옵니다.

 자세히 알려져 있지는 않지만, 고구려에도 경당에서 교육한 '선배' 또는 '선인' 이라는 제도가 있었습니다. 선배는 머리를 깎고 검은 옷을 입었는데 화랑과는 달리 전투적이었다고 전해집니다.

 이렇게 우리나라에는 대체로 원시시대 이래 촌락 또는 부족 단위로 일정한 연령층의 청소년이 모여 단체생활을 하면서 공동의 의식을 수행하며 사회의 전통적 가치와 질서를 터득하고 노래와 춤, 무예를 익히던 조직이 있었습니다. 이 가운데 대표적인 조직을 화랑도라 할 수 있습니다.

 신라시대에 좋은 가문의 청년 중에서 덕행이 있는 사람을 골라 화랑(花郎, 청소년 수련 단체의 우두머리)을 선발한 다음에 권위와 힘을 드러내기 위해 화장을 시키기도 하였습니다.

2. 세 명의 공주

진평왕
신라 제26대 왕(?~632). 성은 김(金), 이름은 백정(白淨). 중국 수나라와 친교를 맺고 불교의 진흥을 꾀하였다. 609년에 수나라의 도움을 받아 고구려를 원정하였고, 당나라가 선 뒤에도 계속 친교를 맺어 고구려를 견제하였다. 재위 579~632년.

처소
사람이 기거하거나 임시로 머무는 곳.

진평왕眞平王이 마야 부인의 처소處所를 찾았다. 마야 부인이 웃으며 진평왕을 맞았다.

"폐하, 어서 오십시오. 무슨 일이시온지요?"

"과인이 왕비의 처소를 찾는 것이 꼭 무슨 일이 있어야만 합니까?"

"그것은 아니옵고……."

마야 부인은 얼굴을 붉히며 말했다. 하지만 마야 부인의 얼굴에는 걱정이 가득하였다.

"중전, 무슨 걱정이라도 있는 것이오?"

"걱정이라니요? 폐하께서 백성들을 편하게 보살피고 계신데 무슨 걱정이 있겠습니까?"

"아니오. 걱정이 있는 얼굴이오. 나를 속일 생각 마시고 어서 말씀을 해 주시오."

마야 부인은 진평왕의 성화에 못 이겨 말했다.

"폐하께 너무 많은 죄를 지은 듯합니다."

"중전이 과인에게 무슨 죄를 지었단 말이오?"

"폐하의 뒤를 이을 왕자를 생산하지 못하였습니다."

"왕자라니요? 우리에게는 왕자 못지않은 덕만德曼과 천명天明과 선화善花가 있지 않소?"

"공주가 어찌 폐하의 뒤를 이을 수가 있습니까?"

"아니오. 너무 걱정하지 마시오."

진평왕은 마야 부인의 등을 두드리며 위로하였다.

사실 진평왕도 내심 왕자를 기다렸다. 그러나 공주만 연달아 낳아 실망도 컸으나, 그들을 아들 못지않게 훌륭하게 키우리라 다짐하고 있었다.

신라에서는 임금이 되려면 특별한 자격, 즉 아버지와 어머니가 모두 왕족이어야 했다. 이들을 성골聖骨이라고 불렀다. 성골 외에 왕족으로 진골眞骨이 있었다. 진골은 아버지와 어머니 둘 중에 한 명만 왕족인 경우를 가리키는 말이다.

왕족 이외에 나라를 발전시키는 과정에서 부족장들을 중앙 귀족으로 끌어들이면서 부족의 크기에 따라 각기 6두품, 5두품, 4두품의 신분을 내려주었다. 이러한 제도를 골품 제도骨品制度라고 한다. 신라에서는 골품에 따라 관리로 승진하는데 각기 한계를 두었다. 성골과 진골은 1등급까지, 6두품은 6등급까지, 5두품은 10등급까

골품 제도
신라시대 때 혈통에 따라 나눈 신분 제도. 왕족은 성골(聖骨)과 진골(眞骨)로, 귀족은 육두품·오두품·사두품으로, 평민은 삼두품·이두품·일두품으로 나뉨.

지, 4두품은 12등급까지 벼슬을 할 수 있었다.

진평왕이 마야 부인에게 말했다.

"과인은 분명 덕만을 임금으로 삼을 것이오. 덕만 공주가 왕자 못지않게 신라를 발전시킬 수 있도록 공부를 시킬 생각이오."

진평왕의 위로에 마야 부인의 얼굴에 미소가 번졌다.

"저도 덕만이 훌륭한 임금이 될 수 있도록 열심히 가르치겠습니다."

진평왕과 마야 부인은 손을 꼭 잡으면서 다짐하였다.

얼마 후 사냥대회가 열렸다. 우수한 성적을 거둔 사람은 특별히 관리로 뽑는다고 했다.

진평왕도 덕만과 함께 사냥대회에 참가하였다. 늠름한 모습의 많은 젊은이들이 사냥대회에 나왔다. 그들은 모두 우수한 성적을 거두어 관리가 되고자 하는 꿈을 가진 사람들이었다. 진평왕은 그런 젊은이들의 모습을 보고 신라의 미래가 밝다고 생각하였다. 그리고 다음에 신라를 이끌어 갈 덕만을 도와 줄 많은 인재가 있다는 생각에 가슴이 벅차올랐다.

'이들은 나보다 덕만을 도와줄 사람들이다. 덕만을 위해서라도 힘있고 지혜가 있는 젊은이들을 많이 뽑아야만 한다.'

진평왕은 마음속으로 다짐을 하였다.

"지금부터 사냥대회를 시작하노라. 사냥대회에서 우수한 성적을 거둔 사람에게는 적절한 벼슬을 내릴 것이다."

"와! 와! 와!"

드디어 북소리가 울렸다. 사냥대회에 참가한 사람들은 앞 다투어 말을 달려 사냥감을 찾아 나섰다.

"덕만 공주야, 너무 깊은 곳으로 가지는 마라."

진평왕은 덕만이 많은 사냥감을 잡아와 자신의 뒤를 이을 국본國本임을 나타내기를 기대하는 눈치였다. 덕만은 아버지의 기대를 저버리지 않기 위하여 말을 달렸다. 얼마 후 덕만 일행 앞에 사슴 한 마리가 지나가고 있었다. 덕만이 재빠르게 활을 쏘았다. 화살은 정확히 사슴의 몸에 꽂혔다. 그러나 사슴은 살고 싶은 욕망으로 피를 흘리며 빠르게 도망을 쳤다. 덕만은 아버지인 진평왕의 기대를 저버리지 않기 위하여 사슴을 쫓았다. 이윽고 사슴은 동굴로 뛰어들었다. 덕만과 일행이 동굴 안으로 들어가자 사슴은 구석에 쓰러져 있었다. 그 뒤에는 새끼 사슴 한 마리가 화살이 꽂힌 어미를 애처롭게 바라보고 있었다.

'새끼를 보니 불쌍하고, 아바마마를 생각하니 잡아가야 하고……'

덕만은 고민에 빠졌다. 시녀가 말했다.

"공주마마, 덤으로 한 마리를 더 얻게 되었습니다. 공주마마께 복이 넝쿨째 굴러온 것이옵니다."

하지만 덕만은 도무지 기분이 좋지 않았다. 어린 사슴을 보니 더욱 마음이 좋지 않았다. 사슴을 한참 쳐다보던 덕만은 빈손으로 굴 밖으로 나왔다.

"아니, 공주님! 어찌 다 잡은 사슴을 그냥 두십니까?"

> **국본**
> 왕세자

덕만은 시녀의 말이 들리지 않는지 묵묵히 말에 올랐다.

"아바마마께서 기다리시겠다. 어서 가자."

덕만은 말에 채찍질을 하였다. 하는 수 없이 시녀도 말에 올라 덕만을 뒤따랐다.

덕만 일행이 보이자 진평왕은 내심 기대에 차 있었다. 그러나 빈손으로 돌아오는 덕만을 보자 진평왕은 실망했다.

"어찌 아무 소득이 없느냐?"

진평왕의 말에 덕만은 고개를 떨구었다.

"황공하옵니다."

그러자 옆에 있던 시녀가 아뢰었다.

"폐하, 그러한 것이 아니오라……."

시녀의 말에 진평왕이 눈을 크게 뜨며 물었다.

"그래, 무슨 일이더냐? 어서 말해 보라."

시녀는 떨리는 음성으로 아뢰었다.

"사실은 공주마마께서 사슴을 잡았사옵니다. 더구나 화살을 맞고 도망간 사슴이 숨어든 동굴에는 새끼까지 있었사옵니다. 그런데 공주마마께서 그것들을 그냥 동굴에다 두고……."

시녀의 말에 진평왕의 얼굴빛이 어두워졌다. 진평왕은 신라를 이끌 덕만이 더욱 굳건한 마음을 가지기를 바라고 있었던 것이다.

"덕만아, 왜 그렇게 했느냐?"

덕만이 말했다.

"새끼를 가진 어미사슴의 마음이 백성을 다스리는 임금의 마음과 같다고 생각하였습니다. 그래서 한없는 사랑을 주어야 함을 배웠습니다."

덕만의 말에 진평왕의 입가에 미소가 번졌다.

"비록 덕만 공주가 사냥감을 가져오지는 못했지만 국본으로 가져야 할 마음가짐을 배운 훌륭한 사냥대회였던 것 같구나. 여러 대소 신하들은 모두 덕만 공주의 마음을 배우도록 하라!"

진평왕은 이후 더욱 덕만에게 나라를 다스리는 기본을 알려 주고자 하였다.

덕만 아래로 천명 공주가 있었는데 재능은 덕만보다 못했고, 아름다움에 있어서는 셋째인 선화 공주에 못 미쳤다. 그래서 천명 공주는 똑똑하고 무예가 뛰어난 남자를 만나 결혼을 하여 언니나 동생에 뒤지지 않으리라 다짐하였다. 그녀는 언니나 동생을 뛰어넘을 남편으로 일찍감치 궁궐을 드나들던 김용춘金龍春/金龍樹을 꼽고 있었다. 김용춘은 앞선 임금인 진지왕의 아들로 천명에게는 오촌五寸 아저씨뻘이었다. 신라시대에는 가까운 친척과 결혼을 하는 일이 빈번했다.

용춘은 아버지가 임금의 자리에서 쫓겨난 뒤에 성골이었던 신분이 진골로 낮아졌다. 그렇지만 왕족이면서 진평왕의 사촌동생이었기에 궁궐에 자주 드나들 수가 있었다. 용춘이 궁궐에 오면 덕만과 천명, 선화 공주와 어울렸다. 평소에 덕만이나 선화 공주에게 뒤처진다고 생각한 천명은 용춘에게 떼를 썼다.

오촌
아버지의 사촌이나 사촌의 아들과의 촌수.

"아저씨, 저하고 놀아요!"

천명이 떼를 쓰면 용춘은 천명이 원하는 대로 함께 놀아 주었다. 함께 노는 사이에 천명은 용춘에게 사랑을 느끼게 되었다. 하지만 용춘은 덕만에게 마음이 있었다. 덕만과 결혼을 하여 잃어버린 아버지의 임금 자리를 되찾고 싶었다.

용춘의 뜻과 달리 덕만은 용춘에게는 눈길도 주지 않았다. 용춘은 덕만과 혼인婚姻할 수 없다는 사실을 알고 다른 곳에서 혼인할 처녀를 구하고 있었다. 이 소문이 천명에게 전해졌다.

'용춘 아저씨를 나의 지아비로 꼭 삼을 것이야. 그래야 덕만 언니나 선화에게 뒤떨어지지 않아.'

천명은 마음속으로 다짐을 한 후에 어머니인 마야 부인을 찾았다.

"어마마마! 중요한 일을 의논하려고 왔사옵니다."

"어서 오너라. 그런데 중요한 일이라니, 무슨 일이더냐?"

천명은 한참을 고민하던 끝에 마야 부인에게 말했다.

"어마마마, 소녀도 이제 혼인할 나이가 되었습니다. 위로 덕만 언니가 있지만, 혼인할 상대를 구하기는 어려울 듯합니다. 그래서 소녀가 먼저 혼인하고자 합니다."

천명이 혼인하겠다는 말에 마야 부인은 깜짝 놀랐다.

"네가 혼인을 하겠다고?"

"그러하옵니다."

"그래, 누구와 하겠다는 게냐?"

"용춘 아저씨와 하고 싶습니다."

혼인
남자와 여자가 부부가 되는 일.

지아비
웃어른 앞에서 자기 남편을 낮추어 이르는 말. 또는 '남편'을 예스럽게 이르는 말.

용춘이라는 말에 마야 부인은 안심이 되었다. 평소에 용춘의 재주가 아깝다는 생각을 하고 있었기 때문이었다. 하지만 덕만과는 어울릴 것 같지 않았고, 그렇다고 다른 집 처녀와 혼인하는 것도 마음에 들지 않았던 터였다.

"알았다. 아바마마께 말씀드려 보마."

"어마마마, 소녀의 청을 꼭 들어주셔야 하옵니다."

천명이 물러나자 마야 부인은 진평왕을 찾았다.

"아니, 중전이 이곳에는 무슨 일로……."

"폐하께 중요한 일을 의논하고자 찾았습니다."

"중요한 일이라니요?"

"천명의 일이옵니다. 덕만이 언니이므로 먼저 혼인을 해야 마땅하겠지만, 국본으로 그 짝을 찾기가 어려울 듯합니다. 그래서 천명을 먼저 혼인시키려고요."

마야 부인이 진평왕의 눈치를 살피며 말했다.

"그래, 짝으로 생각한 청년은 누구시오?"

"용춘이옵니다."

"용춘이라고요? 용춘이가 과연 천명을 받아들일까요?"

"받아들일 것이옵니다."

진평왕은 마야 부인의 말에 용춘을 궁궐로 불러들였다. 용춘은 진평왕이 찾는다는 말에 서둘러 들어왔다.

"어서 오게. 요즈음 어떻게 지내고 있는가?"

"무예와 학문에 힘쓰고 있사옵니다."

부마
임금의 사위.

"그래, 이제 그대의 나이가 몇인고?"

"스물다섯이옵니다."

"스물다섯이라? 혼인할 나이가 되었군."

혼인할 나이라는 진평왕의 말에 용춘은 얼굴을 붉혔다.

"그대는 짐의 부마駙馬가 될 생각은 없는가?"

진평왕이 부마라고 말하자 용춘은 기대에 부풀었다. 자신을 덕만의 짝으로 생각하고 있다고 여겼기 때문이었다.

"폐하께서 짝을 찾아 주신다면 황공할 따름이옵니다."

"그대의 뜻이 그러하다면, 짐의 둘째인 천명은 어떠한가?"

천명이라는 말에 용춘은 실망스러웠다. 그러나 용춘은 이내 마음을 가다듬고 말했다.

"소인에게 분에 넘치는 자리이옵니다."

"그대가 좋다면 하루빨리 천명과 혼인을 하도록 하자꾸나."

그리하여 용춘과 천명 공주는 혼인을 하였다. 이들 두 사람 사이에서 태어난 이가 바로 김춘추金春秋이다. 김춘추는 후에 신라 29대 임금(태종 무열왕)이 되어 백제를 멸망시키고, 수나라·당나라와 긴밀한 외교 관계를 맺으면서 고구려의 공격을 피해갈 수 있었다.

덕만의 막냇동생인 선화 공주는 빼어난 미모의 소녀였다. 선화 공주의 아름다움은 소문을 타고 백제에까지 전해질 정도였다.

한편 백제에는 서동薯童이라는 청년이 있었다. 서동의 아버지는 백제 29대 임금인 법왕法王으로 왕자였을 때 궁궐 밖으로 백성들의 생활을 살피기 위해 미행微行에 나섰다. 왕자 선이 어떤 마을을 살피고 있을 때 빨래터에서 빨래를 하고 있던 한 여인을 발견했다. 선은 한눈에 그 여인에게 반하였다.

"물을 좀 얻을 수 있습니까?"

선의 말에 여인은 깜짝 놀란 듯 일어섰다. 여인도 체격이 우람하고 잘생긴 선에게 마음이 끌렸지만 가까이 다가갈 수가 없었다. 여인은 이미 혼인을 한 뒤였고, 전쟁터에서 남편을 잃고 혼자 살고

김춘추
신라 제29대 왕 '태종 무열왕'의 본명.

서동
백제 제30대 '무왕'의 별명. 〈서동요〉를 지었다고 한다. 한자의 '참마 서'와 '아이 동'을 써서 서동이라 불렀다.

법왕
이름은 선(宣) 또는 효순(孝順). 제28대 혜왕의 맏아들이며, 제30대 무왕의 아버지이다. 599년에 임금이 되어 동물을 함부로 죽이지 못하게 하였으며, 사냥으로 쓰이는 매는 모두 놓아 주고 물고기를 잡는 도구나 사냥 도구는 모두 불태워 버렸다. 백제를 발전시키기 위하여 왕흥사라는 절을 짓기도 하였으나, 귀족들의 반발과 신라의 침입으로 어려움에 빠졌다. 재위 599~600년.

미행
옛날에 임금이나 왕자 등 신분이 높은 사람이 평상복 차림으로 꾸미고 궁 밖으로 나가 백성들의 생활을 살피던 일을 말함.

있었기 때문이었다. 선이 여인의 손을 잡으며 말했다.

"나는 백제를 이끌 왕자요. 그대에게 앞으로 백제를 이끌 후계자를 맡기고 싶소."

선의 말에 여인이 감격을 하였다.

"후에 소녀와 아기를 버리시지는 않으시겠지요?"

"내 어찌 그대를 버리겠소?"

두 사람은 빨래터 옆의 연못에서 함께 놀며 시간을 보냈다.

몇 달 후 여인은 아기를 낳았다. 사람들은 그 아기가 여인이 못을 거닐다가 용과 사랑을 나눈 뒤 태어난 아이라고 하였다. 아이가 태어난 후 선으로부터 연락이 끊어졌다. 여자와 아이는 어려운 생활을 하였다. 아이는 마를 캐서 팔아 어머니를 모셨다. 사람들은 마를 파는 아이라고 하여 '서동'이라고 불렀다. 서동은 자신이 백제의 왕자라는 어머니의 말을 가슴에 품고 무예와 글을 익히는 것을 게을리 하지 않았다.

백제의 이곳저곳을 다니며 마를 팔던 서동에게 신라의 선화 공주가 매우 아름답다는 소문이 들려왔다. 서동은 선화 공주를 자신의 짝으로 삼아야겠다고 결심하였다. 그리하여 서동은 짐을 꾸리고 집을 나섰다. 서라벌徐羅伐에 도착한 서동은 아이들에게 마를 나누어 주면서 노래를 따라 부르게 하였다.

서라벌
'경주(慶州)'의 옛 이름.

선화 공주님은 남 몰래 정을 통하고
서동을 밤에 몰래 안고 간다네.

노래는 꼬리에 꼬리를 물고 서라벌에 퍼져 나갔다. 어느덧 노래는 궁궐에까지 퍼지게 되었다. 선화 공주의 소문에 진평왕은 화가 나서 소리쳤다.

"어서 중전과 선화를 들라고 하라!"

진평왕의 명령에 마야 부인과 선화 공주가 대전大殿으로 왔다.

"중전은 어찌하여 이러한 소문이 나게 한단 말이오?"

마야 부인이 들어오자마자 진평왕은 버럭 소리를 질렀다.

"폐하, 무슨 이유로 이렇듯 노하셨습니까?"

"중전은 아직도 소문을 듣지 못했단 말이오?"

"소문이라니요?"

대전
임금이 거처하는 궁전

"선화 공주가 밤마다 궁궐 밖에서 남자를 만난다는 소문 말이오?"
그제야 마야 부인은 고개를 숙이며 말했다.
"폐하, 연유를 듣고 야단을 치셔도 늦지 않습니다."
"그럼 중전은 연유를 안단 말입니까?"
"철저히 조사하여 소문을 퍼뜨린 자를 잡아들이라 하였습니다."
마야 부인은 잠시 숨을 고른 후 말을 이었다.
"폐하, 우리 선화를 의심하십니까? 선화는 현명한 아이이옵니다. 그렇게 함부로 행동할 공주가 아니옵니다."
진평왕도 마야 부인의 말에 고개를 끄덕였다.
"짐도 그것을 모르는 바는 아니나 소문이……."

마야 부인이 조사한다는 말에 화를 가라앉힌 진평왕에게 관리들이 들고 일어났다.

"백성들의 모범을 보여야 할 왕실에서 이상한 소문이 꼬리를 물면 권위가 무너지는 것이옵니다."

"그러하옵니다. 아뢰옵기 황송하오나 선화 공주를 처벌하시어 왕실의 위엄을 보이셔야 하옵니다. 부디 통촉洞燭하시옵소서."

"통촉하시옵소서······."

관리들이 한결같이 들고일어나자 진평왕은 어쩔 수 없이 선화 공주를 궁궐에서 내쫓을 수밖에 없었다.

"선화 공주는 내일 당장 궁궐을 떠나라!"

진평왕의 명령에 선화 공주는 끝없이 눈물을 흘렸다.

"어마마마, 소녀는 어찌해야 하옵니까?"

마야 부인도 슬픔에 잠겨 울었다. 딸을 궁궐에서 내쫓으라는 명령은 자신의 목숨을 저버리는 것보다도 어려운 일이었다.

"너무 슬퍼하지 마라. 관리들의 비난이 수그러들면 분명 아바마마께서 너를 다시 궁궐로 불러들일 것이니라."

"그래도······."

마야 부인의 위로도 선화 공주에게는 들리지 않았다.

"그리고 이것은 네가 궁궐 밖에 나가 있는 동안 귀중하게 쓰일 때가 있을 것이다. 잘 보관하여라."

마야 부인은 선화 공주에게 금 한 덩어리를 주었다.

다음 날 아침, 선화 공주는 한 명의 시녀와 함께 궁궐문을 나섰

> **통촉**
> 윗사람이 아랫사람의 사정이나 형편 따위를 깊이 헤아려 살핌.

다. 선화 공주의 눈에는 눈물이 가득 고여 있었다.

"공주마마, 눈물을 거두세요. 폐하께서 곧바로 궁궐로 들어오라는 명령을 하실 것이옵니다."

"그래, 고맙구나."

선화 공주는 시녀와 함께 낯선 길을 걷고 있었다. 해는 뉘엿뉘엿 서산으로 넘어가고 있었다. 어둠이 깔리기 시작하자 선화 공주와 시녀는 무서워졌다.

"혹시 나쁜 사람이라도 나타나면 어떻게 해요?"

시녀가 말했다.

"신라 사람들은 착해서 그런 일은 없을 것이다."

선화 공주가 위로하였다.

이때 그들을 멀리서 뒤따르던 서동이 나타났다.

"어디로 가시는 길이십니까?"

갑작스럽게 서동이 나타나자 선화 공주와 시녀는 당황하며 겁을 먹었다.

"누구신지요?"

"신라의 이곳저곳을 구경하며 공부하는 사람입니다. 가는 길이 같으면 함께 가면 어떨까요?"

서동의 말에 선화 공주와 시녀는 기뻐하였다. 서동이 듬직하고 마음이 착해 보였기 때문이었다. 세 사람은 이야기를 나누며 함께 길을 가다가 날이 어두워지자 주막을 찾아들었다. 주막에서 저녁을 먹은 후 서동은 자신이 신라를 돌아다니며 겪은 이야기를 들려

주었다. 아는 것도 많은 듯하고, 이야기도 재미있게 하는데다가 착해 보여서 선화 공주는 점차 서동에게 마음이 끌렸다.

다음 날, 선화 공주가 자신에게 관심을 보인다고 확신한 서동이 말했다.

"공주마마, 아뢸 말씀이 있습니다. 사실은 제가 노래를 지어 아이들에게 부르게 했습니다. 공주마마와 혼인하고 싶은 생각에 노래를 지은 것이니 부디 용서하여 주시기 바랍니다."

선화 공주는 서동의 말에 놀라 입을 다물지 못했다.

"사실 저는 백제의 왕자입니다. 부디 저와 혼인하여 주시기 바랍니다."

갈 곳이 정해지지 않은 선화 공주로서는 서동을 따를 수밖에 없었다. 그리고 백제의 왕자라는 말에 더욱 호기심이 생겼다.

"그러겠어요."

선화 공주가 허락을 하자 서동은 기뻐하였다.

"이것은 어마마마께서 소녀에게 주신 금덩어리입니다. 필요할 때 쓰시지요."

"이런 물건은 내가 사는 곳에 얼마든지 있습니다."

"이런 금덩어리가요?"

선화 공주는 놀라며 기쁨을 감추지 못했다.

두 사람은 백제로 와서 서동의 어머니에게 인사를 하였다. 서동의 어머니 역시 선화 공주가 마음에 들어 기쁘게 맞아 주었다.

어머니에게 인사를 한 후 서동은 선화 공주와 함께 황금이 묻혀 있는 곳으로 갔다. 곳곳에 황금이 산더미처럼 쌓여 있었다.

"황금을 신라의 아바마마와 어마마마께 보내드리면 틀림없이 우리들의 혼인을 허락하실 것이옵니다."

"이 많은 것을 어떻게 보낸단 말이오?"

두 사람은 걱정으로 깊은 한숨을 내쉬었다. 이때 지나가던 스님이 두 사람에게 다가왔다.

"무슨 일로 한숨을 쉬고 있습니까?"

스님의 물음에 서동이 말했다.

"스님은 어느 절에 계신 분이신지요?"

"저는 용화산에서 공부하고 있는 지명이라고 하옵니다."

지명법사라는 말에 서동은 깜짝 놀라며 반겼다. 평소에 지명법사의 신통력은 백제에서 모르는 사람이 없을 정도였다.

"이 여인은 신라의 선화 공주입니다. 저와 혼인할 여인이지요. 그러나 우리들은 신라 임금인 진평왕의 허락을 받지 못했습니다. 이 황금을 보내어 허락을 받고자 하는데 어찌 서라벌까지 보내야 할지를 걱정하고 있었습니다."

서동의 말에 지명법사는 호탕하게 웃었다.

"그것이 무슨 걱정이란 말입니까? 내가 이 황금을 서라벌의 궁궐로 보내지요."

지명법사는 산더미처럼 쌓여 있는 황금을 캐내어 마차를 이용하여 진평왕에게 보냈다. 지명법사의 힘에 두 사람은 놀라워했다.

서동과 선화 공주가 보낸 황금을 받은 신라의 진평왕은 서동을

사위로 맞아들이기로 하였다. 후에 서동은 임금이 된 후에 이곳에 동양에서 가장 규모가 큰 절인 미륵사彌勒寺를 세우게 되었다.

서동과 선화 공주가 행복한 생활을 누리고 있던 어느 날, 사비성泗沘城의 법왕이 사신을 보냈다.

"왕자님, 어서 궁궐로 드시라는 명령이 있었습니다."

"궁궐이라니요?"

"새 임금이 되신 선 왕자님께서 두 분을 모셔오라고 하십니다."

"임금이 되셨다고요?"

서동과 어머니는 기뻐하였다. 궁궐로 들어가자 법왕이 세 사람을 맞이하였다.

"어서 오시오. 그동안 보살피지 못해 미안합니다."

법왕의 말에 눈물을 흘리며 서동의 어머니가 말했다.

"폐하, 이 아이가 폐하의 아들이옵고, 그 옆은 며느리입니다."

"벌써 이렇게 컸단 말이오? 부인이 고생이 많았소."

"워낙 효성스러운 아이이기에 소녀의 고생은 그다지……."

서동의 어머니는 말을 하면서도 옛날 어려웠던 때가 떠올라 눈물을 흘렸다.

사비성으로 돌아온 서동은 법왕의 뒤를 이을 아들이 없었으므로 곧 태자가 되었다. 서동은 자신이 살던 곳에서 금덩어리를 캐다가 돈을 마련하여 군사를 키웠다.

"아바마마, 소자가 필히 과거 신라 진흥왕에 의하여 전사하신 성왕聖王 할바마마의 원수를 갚을 것입니다."

미륵사
전라북도 익산시 용화산에 있던, 백제 때의 절. 당시 동양에서 가장 큰 절이었으나 지금은 석탑과 당간 지주만 남아 있다.

사비성
백제 성왕 16년(538)에 국호를 남부여로 고치면서 웅진에서 천도한 백제의 수도.

"그래, 장하도다. 너의 뜻을 꼭 이루기를 바라노라."

서동이 군사를 키워 신라를 공격하려고 하자, 선화 공주는 마음이 울적하였다. 가뜩이나 고구려가 신라의 땅을 공격하여 많은 백성들이 어려움에 빠져 있는데, 백제마저 공격한다면 아버지인 진평왕이나 신라 백성들이 너무 힘들어할 것 같았다. 선화 공주는 서동을 찾았다.

"태자마마, 신라는 소녀의 친정 나라입니다. 소녀를 생각하시면 신라와의 싸움을 중지하시는 것이 어떠신지요?"

서동도 선화 공주의 마음을 알고 있었다. 그러나 서동의 신라 진흥왕에 대한 복수심은 장인인 진평왕이 다스리는 나라라도 용서할 수는 없었다.

"부인, 이제 부인은 백제 사람입니다. 부인의 마음이 아프겠지만 고구려, 신라와 함께 살아남으려면 이 길밖에 없습니다."

"아마마마께 죄를 짓는 것 같아 딸로서……."

선화 공주는 말을 잇지 못하고 안타까워하며 눈물을 흘렸다.

"살아남아야 합니다. 그래야 우리 백제의 백성들도 웃으며 살 수 있습니다."

서동의 말에 선화 공주는 더 이상 할 말이 없었다.

서동이 신라와의 전쟁에 대비하여 군사를 기르던 600년, 법왕은 임금이 된 지 2년 만에 그만 세상을 떠나고 말았다. 그 뒤를 이어 서동이 임금이 되니, 이가 바로 백제의 30대 임금인 무왕(재위 600~641년)이다.

> **성왕**
> 백제의 제26대 왕(?~554). 이름은 명농(明穠). 538년 사비성으로 천도하고 국호를 남부여(南扶餘)라고 하였다. 진흥왕에게 한강 유역을 빼앗기자 554년 신라를 공격하였으나 관산성(管山城) 싸움에서 전사하였다. 재위 523~554년.

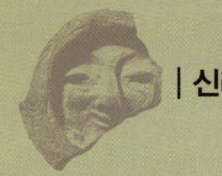

| 신라시대 이야기 | 02

삼국의 치열한 싸움터, 한강

한강은 한반도의 중심에 위치하고 있습니다. 더구나 한강 주변에는 평야가 발달하여 농업의 수확량이 풍부하여 많은 인구가 살고 있습니다. 인구가 많다는 것은 세금을 거둘 수 있는 기초가 되어 나라의 재정을 안정시키는 중요한 발판이 되는 것입니다.

그리고 바다를 통해 중국을 오가는데 적합한 위치에 있습니다. 중국은 삼국보다 문화와 경제가 발달하여 선진문화를 가지고 있는 나라입니다. 삼국에서 가장 앞서나가기 위해선 선진문화를 받아들여야 하는데, 중국을 오가는데 가장 좋은 위치가 바로 한강이었던 것입니다. 이 때문에 한강을 차지하기 위한 삼국 간의 싸움이 치열할 수밖에 없었습니다. 그래서 한강을 차지한 나라가 삼국의 중심 국가가 되었던 것입니다.

가장 먼저 한강을 차지한 나라는 백제입니다. 원래 한강에서 건국한 백제는 황해를 통해 중국과 교류하면서 삼국 중에 가장 먼저 국가 체제를 정비하고 율령을 반포할 수가 있었습니다. 특히 한강과 황해를 잇는 바닷길은 백제를 해외로 눈을 돌리게 하여 중국의 랴오시(遼西, 요서) 지방과 산둥(山東, 산동) 반도, 그리고 일본의 큐슈를 연결하는 고대 상업 세력권을 형성하였으니, 당연히 '동아시아의 허브'라 할 수 있습니다.

백제의 뒤를 이어 한강을 차지한 나라는 고구려입니다. 고구려의 장수왕長壽王은 수도를 평양으로 옮긴 후 남진정책을 펼쳐 나갔습니다. 백제의 개로왕을 죽인 후 한강을 차지한 고구려는 중국의 남쪽 국가와 교류하면서 북쪽 국가를 견제牽制하는 한편,

선진문화를 받아들이고 중국과 같은 위치로 나라를 발전시켰습니다. 장수왕이 한강을 차지했음을 알 수 있는 유물은 중원에 있는 고구려 비석입니다.

신라는 고구려의 남진정책에 대비하여 백제와 나제동맹羅濟同盟을 맺었습니다. 나제동맹으로 성왕이 차지한 한강을 진흥왕이 다시 차지했습니다. 진흥왕은 한강을 차지한 기념으로 단양 적성비와 북한산 순수비를 세웠습니다. 한강을 통해 당나라와 외교를 펼치고 많은 백성과 농작물을 포함한 물적 자원을 얻음으로써 삼국 통일을 이루는 기초를 만들었습니다.

단양 적성비

북한산 순수비 [허가번호: 중박 200902-79]

장수왕 고구려 제20대 왕(394~491). 이름은 거련(巨連)·연(璉). 광개토대왕의 맏아들로, 427년에 도읍을 국내성(國內城)에서 평양으로 옮기고 남하정책을 펼쳐, 고구려의 판도를 넓혔다. 부족 제도를 고치고 5부(部)를 개설하는 등의 개혁을 이룩하여 고구려의 전성기를 이루었다. 재위 413~491년.

견제 일정한 작용을 가함으로써 상대편이 지나치게 세력을 펴거나 자유롭게 행동하지 못하게 억누름.

나제동맹 삼국시대 때 신라와 백제가 고구려의 남진(南進)을 막기 위하여 맺은 동맹. 백제 동성왕 7년(485)에 시작하여, 553년 한강 하류 지역에 대한 쟁탈전이 있기까지 약 70년간 계속되었다.

| 우리 역사 깊이 알기 |

신라시대의 아름다운 장신구

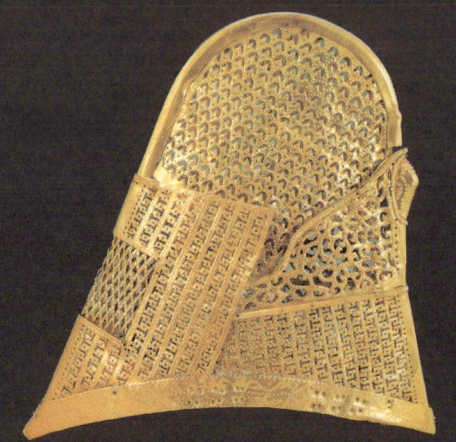

금제 관모
여러 장의 금판을 결합하여 만든 것으로 사회적 신분의 상징물이기도 하다.
(경주 천마총 출토, 높이 17.6cm)

금 목걸이
신라인들의 뛰어난 금세공 기술을 알 수 있는 이 금 목걸이는 곱은 옥을 중심으로 주위에 장식이 달려 있는 구슬을 연결해 매우 정교하게 만들었다. 화려함의 극치를 느낄 수 있다.
(경주 노서동 무덤 출토, 길이 39.3cm)

금관
무덤 주인공의 정치·사회적 신분을 짐작케 하는 상징물로 관모와 관식, 금 허리띠 등이 이에 속한다. 이 금관은 3단으로 세워진 산(山)자 모양의 세움장식과 사슴뿔 모양 장식이 둥근 관테 위에 세워져 매우 화려함을 자랑한다.
(국보 191호, 경주 황남대총 북분 출토, 높이 27.3cm)

금 팔찌

얇은 금판의 위아래를 둥글게 말아 붙인 뒤 다시 금판을 덧댔다. 그 표면에 금 알갱이를 붙인 뒤 그 속에 다시 청색과 남색의 옥을 넣었다. 착용했을 때 보이는 부분은 8등분하여 두 가지 패턴의 문양이 반복되었다.
(보물 623호, 경주 황남대총 북분 출토, 지름 7.5cm)

금 귀걸이

금 알갱이를 붙여 만드는 기법을 누금기법이라 하는데, 이 굵은고리 귀걸이에서 그 기법을 사용하였다. 굵은고리 아래에는 37개의 달개가 달려 그 화려함을 더한다. 신라시대 귀걸이 중에서 가장 정교하고 화려한 장신구이다.
(국보 90호, 경주 보문동 부부총 출토, 길이 8.7cm)

신발

실제 사용한 신발이라기보다는 장송 의례용으로 만든 것으로 추정되는 이 신발은 얇은 청동판에 금도금을 하여 이어 만든 것으로 사람 얼굴, 도깨비, 새, 물고기 연꽃 등 다양한 무늬가 돋을 새김되어 있다.
(경주 식리총 출토, 높이 32cm)

허리띠

가죽 허리띠를 장식하던 금속의 띠꾸미개로 띠고리와 띠꾸미개, 띠드리개로 구성되어 있다. 13줄의 띠드리개 맨 아래에는 작은 칼, 물고기, 곱은옥 등의 장식이 매달려 있다.
(국보 192호 경주 황남대총 출토, 길이 120cm)

*사진 제공 : 국립중앙박물관(허가번호 중박 200902-79)

3. 아버지를 돕다

| **태산**
크고 많음을 비유적으로 이르는 말. |

 진평왕은 걱정이 태산泰山이었다. 사위의 나라인 백제와 고구려의 공격이 계속되었기 때문이다. 궁궐로 들려오는 소리는 고구려에 성을 빼앗겼다는 소리밖에 없었다. 진평왕은 깊은 한숨만 내쉴 뿐이었다.
 '휴, 이를 어찌하면 좋을까?'
 진평왕의 걱정이 깊어질수록 덕만은 나라의 어려움을 어떻게 이겨낼 것인가 생각을 하게 되었다. 덕만은 진평왕을 찾았다.
 "폐하, 소녀 덕만이옵니다."
 "그래, 어서 오너라."
 덕만은 진평왕의 얼굴을 살폈다.
 "무슨 걱정이라도 있으신지요?"
 덕만이 조심스럽게 물었다.

"이제 너도 나라를 이끌 몸이니 우리나라의 사정을 바르게 알아야겠구나."

"무슨 일이신지요?"

"계속되는 고구려의 침입에 머리가 아프구나. 더구나 백성들에게 너무 큰 고통을 주는 것 같구나."

진평왕의 말에 덕만은 전부터 생각하였던 것을 말했다.

"폐하, 사신을 수(隋)나라에 파견하여 도움을 요청하는 것은 어떠하십니까?"

"수나라에 도움을 요청한다고……. 서쪽 바다는 백제가, 북쪽은 고구려가 막고 있는데 우리나라를 어떻게 도와준다는 것이냐?"

"폐하, 수나라는 흩어진 나라를 하나로 통일한 나라입니다. 그들에게 고구려를 쳐들어가게 하는 것입니다. 고구려는 수나라와 싸우느라 우리나라를 침범하지 못할 것입니다."

진평왕은 다른 나라의 힘을 빌려서 고구려의 침입을 막겠다는 덕만의 말에 고개를 끄덕였다.

'그래, 공주의 말이 옳도다. 왜 진작 그런 생각을 하지 못했을까?'

진평왕은 곧 사신을 보내 수나라를 상국(上國)으로 생각한다고 말하면서 도움을 요청하였다.

"폐하, 지금 신라는 고구려 때문에 어려움이 큽니다. 고구려는 아마 수나라도 침략할 것입니다."

신라 사신의 말에 수나라 양제(煬帝)는 크게 노하였다.

수
581년에 중국 북주(北周)의 양견(楊堅)이 정제(靜帝)의 선양(禪讓)을 받아 세운 왕조. 581년에 개국하였으며, 589년에 진(陳)나라를 합쳐 중국을 통일하였으나, 618년에 당나라 고조 이연(李淵)에게 망하였다.

상국
작은 나라로부터 조공을 받는 큰 나라.

양제
중국 수나라의 제2대 황제(569~618). 성은 양(楊), 이름은 광(廣). 대운하(大運河)를 비롯한 토목 공사를 크게 일으켰고, 대군을 보내어 고구려를 침입하였다가 을지문덕에게 패배하였다. 재위 604~618년. 늑수양제

"이런 건방진! 어서 고구려를 공격해야겠다."

"성은이 망극하옵니다."

사신이 돌아와 수나라가 고구려를 공격할 것이라는 사실을 알게 된 진평왕은 안도의 한숨을 쉬었다.

"잘되었구나."

양제는 군함 300척, 병차兵車 5만 대, 병졸이 24군으로 구성되어 모두 113만 3,800여 명의 대군을 이끌고 고구려로 쳐들어왔다. 이때 수나라 군사는 하루 1군씩 보내어 40일 걸려 겨우 출발이 끝났으며, 깃발은 960리 길에 뻗쳤다고 한다. 이해 4월에는 랴오허(遼河, 요하) 건너 별동부대는 양제의 지휘 아래 고구려의 군사 중요 지역인 랴오둥(遼東, 요동) 성을 공격하였다. 그러나 고구려의 반격도 만만치 않았으니 양제는 어찌할 바를 몰랐다. 그러자 양제는 평양을 직접 공격할 계획을 세워 별동대 30만 5천 명을 압록강 서쪽에 모이게 하였다.

이에 고구려에서는 지연 작전과 들과 집에 식량을 모두 불태워 버리는 청야 작전으로 수나라의 공격을 막았다. 그러나 수나라의 공격이 계속되자 관리들은 걱정을 하였다. 이때 을지문덕乙支文德이 나섰다.

"제가 거짓 항복하여 적진에 들어가서 적의 약점을 알아오겠나이다."

"아니, 공이 말이오? 그러다가 수나라 군사가 공을 해치면 어찌

별동대
작전을 위하여 본대에서 따로 떨어져 나와 독자적으로 행동하는 부대.

랴오둥(요동) 성
옛 고구려의 성. 지금의 랴오닝 성 랴오양 근방에 위치해 있다.

을지문덕
고구려 영양왕 때의 장군(?~?). 영양왕 23년(612)에 중국 수나라 양제가 고구려에 대군을 이끌고 쳐들어오자 살수에서 이를 물리쳤다. 지략과 무용에 뛰어났으며 시문에도 능하였다. 살수 대첩에서 적장 우중문에게 전한 전략적인 시 〈유우중문시(遺于仲文詩)〉가 전한다.

한단 말이오."

"범을 잡으려면 범의 굴로 가야 하지 않습니까?"

을지문덕은 수나라 군사가 머물고 있는 적진으로 향했다.

한편 수나라 진영에서는 논란이 일고 있었다. 적장 우중문于仲文이 말하였다.

"을지문덕은 고구려 제일의 장수이옵니다. 그러므로 사로잡아야 합니다."

이때 유사룡이 반대하였다.

"아닙니다. 고구려 장수를 살려 보내 우리 군사들의 힘을 사실대로 알리면 반드시 항복을 할 것이니 살려 보내는 것이 좋으리라 생각합니다."

> **우중문**
> 중국 수나라의 장수(?~?). 북주(北周)의 하남도 행군총관으로서 하남 지방의 반란을 진압하고, 수나라의 좌익위대장군(左翊衛大將軍)이 되었으며, 양제의 두 번째 고구려 원정 때 우문술(宇文述)과 더불어 쳐들어갔다가 살수에서 대패한 죄로 하옥되어 죽었다.

　우중문과 우문술宇文述은 유사룡의 말이 그럴 듯하였다. 그리하여 을지문덕을 돌려보냈다. 그러나 그들은 곧 후회하였다.

　"을지문덕을 사로잡았어야 하는데……."

　"맞습니다. 을지문덕은 고구려 제일의 명장이 아닙니까?"

　이들은 곧 압록강을 건너 쳐들어왔으며, 을지문덕은 하루에 적과 일곱 번 싸웠으나 번번이 지는 척하였다. 수나라 군사들은 고구려 군사들을 비웃었다.

　"천하의 을지문덕도 별 볼일이 없구나. 아예 이번 기회에 고구려를 없애 버리자고!"

　수나라 군사들은 을지문덕의 꾀에 말려든 것을 모르고 살수薩水를 건너 평양성 30여 리 지점까지 밀려왔다.

우문술
중국 수나라의 장군(?~?). 자는 백통(伯通). 진(陳)나라를 평정한 공으로 안주 총관(總管)이 되었으며, 고구려 영양왕 때 부여도군장(扶餘道軍將)으로 우중문과 함께 고구려를 침입하였으나, 살수에서 크게 패하였다.

살수
오늘날의 청천강.

이때 을지문덕은 적장을 희롱하는 시를 보냈다.

그대들의 작전은 천문을 궁구했고,
묘책은 지리를 다했도다.
싸움마다 이겨 공이 이미 높았으니,
족한 줄 알거든 원컨대 싸움을 그치기를 바라노라.

> **영양왕**
> 고구려의 제26대 왕(?~618). 일명 평양왕(平陽王). 동왕 9년(598)에 수나라 문제(文帝)의 30만 대군을 격퇴하였으며, 23년(612)에는 수나라 양제(煬帝)가 침입하자 을지문덕을 시켜 이를 섬멸하게 하였다. 재위 590~618년.
>
> **보**
> 둑을 쌓아 흐르는 물을 막고 그 물을 가두어 두는 곳.

을지문덕은 이어 사신을 다시 보내 영양왕(嬰陽王)이 직접 수양제에게 항복할 것이라고 속이면서 별동부대의 철수를 요구하였다. 이때서야 수나라 군사는 속은 것을 알았다.

"아무리 보아도 이것은 을지문덕의 계략인 것 같소이다. 어서 후퇴하는 것이 좋겠습니다."

이에 우문술도 찬성하였다.

"그것이 좋겠습니다."

수나라 군사들이 허둥지둥 후퇴하는 것을 본 을지문덕은 때를 놓치지 않고 사방을 에워싸고 공격을 하였다. 수나라 군사는 도망가기에만 급급하였다. 살수에 이르러 군사가 반쯤 건넜을 때 물길을 막았던 보(洑)를 무너뜨리면서, 수나라군의 뒤쪽을 맹공격하니 적장 신세웅(申世雄)마저 죽었으며, 살아 돌아간 군사는 2,700여 명에 불과하였다. 이 승리의 여세를 몰아 고구려는 압록강을 건너 랴오둥(遼東, 요동)까지 전부 되찾게 되었다.

또한 산둥(山東, 산동)을 떠나서 대동강으로 직접 공격한 수군도 크게 패하였다. 이후 양제는 두 번이나 군사를 이끌고 고구려를 쳐들어왔으나 별로 성과를 거두지를 못하였다. 오히려 수나라가 고구려에 참패한 것에서 비롯된 공포심으로 백성들의 마음이 떠나 곧 멸망하고, 618년에 이연李淵에 의하여 당唐이 건국되었다.

을지문덕 장군은 충성과 지략으로 수나라의 대군을 청천강에서 물리쳤으며, 진실하고 성실한 마음으로 다른 관리들과 친밀하게 지낸 인물이다. 고구려는 백성들이 한마음으로 단결한 강한 국가 가였기에 수나라가 쳐들어왔을 때에도 당황하지 않고 여유 있게 대처하여 대군을 물리칠 수가 있었다.

수나라와 싸우느라 힘이 빠진 고구려는 한동안 신라를 공격하지 못했다. 진평왕은 크게 기뻐하며 덕만을 칭찬하였다.

"이번 일을 거울로 앞으로 덕만은 더욱 훌륭하게 신라를 이끌어 갈 것이다."

이연
중국 당나라의 제1대 황제인 '고조(高祖)'의 본명.

당
618년에 중국의 이연(李淵)이 수나라 공제(恭帝)의 선양(禪讓)을 받아 세운 통일 왕조. 도읍은 장안(長安)이며, 중앙 집권 체제를 확립하고 문화가 크게 융성하였으나, 안사(安史)의 난 이후 쇠퇴하여 907년에 주전충(朱全忠)에게 망하였다.

| 신라시대 이야기 | 03

수양제의 113만 대군설, 과연 가능한 일이었을까요?

현재 우리나라의 인구는 약 4,800만 명입니다. 여기에 정규 군인은 약 60만 명으로 알려져 있습니다. 그런데 지금으로부터 1300여 년 전인 612년에 수나라의 양제가 고구려를 정벌하려고 113만 3,800여 명의 대군을 거느리고 고구려를 침입했습니다.

단재 신채호申采浩가 지은 《을지문덕전》을 보면, 이 병력에 대한 설명이 비교적 자세히 나와 있습니다. 즉 군함이 300척, 병차兵車가 5만 대, 병졸이 24군으로 구성되어 모두 113만 3,800여 명이었다고 합니다. 군량 수송자는 그 숫자의 두 배에 이르렀다고 하므로 통칭 200만 대군이라고 할 수 있습니다.

기록에 의하면 이 200만 대군이 출발할 때 그 깃발이 천 리까지 뻗쳐 있었으며, 각 방면의 사령관은 수나라의 첫째가는 장군들이었다고 합니다. 그야말로 수나라의 모든 국력을 동원한 대작전이었다고 할 수 있지요. 이때 중국의 인구는 얼마나 되었을까요?

수양제 5년(609)에 890만여 호에 4,600만 명, 이러한 수효라면 200만 명 동원이 불가능한 건 아니지만, 국가의 모든 국력을 기울인 무리한 일이라고 할 수 있습니다. 결국 수나라는 전쟁을 시작한 지 38년 만에 멸망하고 말았습니다.

수나라의 공격을 받은 고구려는 랴오둥(요동)에서 수나라의 군사들과 싸웠습니다. 여기서 고구려와 수나라는 서로 밀고 밀리는 싸움으로 어느 나라도 승리할 수가 없었습니다. 조급해진 양제는 평양을 직접 공격할 계획을 세워 압록강 서쪽에 군대를 모았습니다. 이 계획을 미리 알게 된 고구려의 장수 을지문덕은 수나라의 군사들을 평양성 외곽 30리 지점까지 끌어들였던 것입니다.

그리고 을지문덕이 '오언시(五言詩, 여수장우중문시)'를 지어 보내고, 영양왕이 직접 수나라 양제에게 인사를 하러 갈 것이라고 거짓으로 말하면서 별동부대가 수나라로 돌아갈 것을 요구하자 적군은 순순히 철수하기 시작했습니다. 을지문덕 장군은 이때를 놓치지 않고 군사를 동원하여 수나라의 군사들을 사방으로 에워싸서 공격하니 적군은 도망가기에 정신이 없었습니다. 살수에 이르러 군사가 반쯤 건넜을 때 고구려군이 수나라 군사의 뒤쪽을 맹공격하니 적장 신세웅마저 죽고, 살아 돌아간 군사는 2,700여 명에 불과했습니다. 결국 양제는 싸울 의욕을 잃고 7월 25일 수나라로 되돌아가고 말았습니다.

수양제는 중국의 땅이 넓고 인구가 많은 것만을 믿고 백만 대군을 동원하였지만, 군사의 숫자가 너무 많아 전선이 길어지면 군량 공급이 어려워질 것이라는 사실을 예상하지 못했습니다. 이 때문에 그 많은 군대를 동원하고도 뜻을 이루지 못하고 헛되이 돌아갈 수밖에 없었던 것입니다. 끝내 수나라는 고구려에게 크게 패배한 것에서 비롯된 공포심으로 민심이 떠나 곧 멸망하고 말았습니다.

우중문을 희롱한 을지문덕의 오언시(五言詩)

그대의 뛰어난 책략은 천문을 꿰뚫고
기묘한 작전은 지리를 통달하였소.
싸워 이긴 공이 이미 크니
이제 그만 되돌아가는 것이 어떠하오.

신채호 사학자·독립 운동가·언론인(1880~1936). 호는 단재(丹齋)·단생(丹生)·일편단생(一片丹生). 성균관 박사를 거쳐, 「황성신문」과 「대한매일신보」 등에 강직한 논설을 실어 독립 정신을 북돋우고, 국권 강탈 후에는 중국에 망명하여 독립 운동과 국사 연구에 힘쓰다가 일본 경찰에 체포되어 옥사하였다. 저서에 《조선 상고사》, 《조선사 연구초(朝鮮史硏究草)》 등이 있다.

4. 혜안慧眼을 지니고

덕만은 슬기와 덕이 뛰어났으며 사물을 꿰뚫어 보는 안목과 식견, 즉 혜안慧眼을 가지고 있었다. 한 번은 당나라에 사신으로 갔다가 돌아온 사신이 태종太宗의 답례품으로써 붉은 꽃, 보라꽃, 흰 모란꽃 그림과 함께 꽃씨 세 되를 보내왔다. 그때까지 신라에는 모란 꽃이 없었기에 사람들은 꽃의 아름다운 자태姿態에 감탄을 하고 있었다.

"어쩜, 꽃이 저리 아름다울까?"

"어서 정원에 심어 꽃이 피는 걸 보고 싶어요. 그 향기는 또 얼마나 좋을까요?"

그러나 덕만은 혼자 골똘히 생각에 잠겨 있었다. 이를 지켜본 진평왕이 물었다.

"덕만 공주는 이 꽃이 아름답다고 생각하지 않느냐?"

태종
중국 당나라의 제2대 황제(598~649). 성은 이(李), 이름은 세민(世民). 삼성 육부와 조용조 등의 제도를 정비하였고, 외정(外征)을 행하여 나라의 기초를 쌓았다. 재위 629~649년.

답례품
감사의 표시로 주는 물건.

되
곡식이나 가루 액체 등을 담아 분량을 헤아릴 때 쓰던 그릇으로 주로 사각형의 나무로 되었다.

자태
곡식, 가루, 액체 따위를 담아 분량을 헤아리는 데 쓰는 그릇. 주로 사각형 모양의 나무로 되어 있다.

국화
한 나라를 상징하는 꽃. 우리나라의 국화는 무궁화이다.

"아바마마, 꽃에 무언가 부족한 것이 있사옵니다."

"당나라에서는 이 꽃을 국화國花로 여긴다고 하던데, 무엇이 부족하단 말이냐?"

"아바마마, 이 꽃에는 향기가 없을 듯하옵니다."

"그럼, 그림에서 무슨 향기가 나겠느냐?"

주위에 있던 관리와 궁녀들도 모두 진평왕의 말에 찬성하는 듯하였다. 덕만은 고개를 갸웃거리다가 이윽고 말했다.

"이 그림을 자세히 보십시오. 꽃은 있으되 나비나 벌이 없습니다. 꽃은 향기가 나며, 그 향기를 따라 벌이나 나비가 모이는 것이 세상의 이치가 아니옵니까? 그런데 이 꽃은 그렇지 않으니, 필시 향기 없는 꽃일 것입니다."

그러나 진평왕과 관리들, 그리고 궁녀들은 덕만의 말을 믿으려 하지 않았다.

"그림에 나비나 벌을 그릴 수도 있고, 안 그릴 수도 있지 않느냐?"

"아바마마, 그런데 어찌 세 폭의 그림에 모두 벌이나 나비가 그려져 있지 않을까요?"

덕만의 기발한 생각에 모두 감탄을 하면서도 믿으려 하지는 않았다.

겨울이 가고 봄이 되어 진평왕은 꽃씨를 심으라고 명령하였다. 봄이 끝나갈 무렵이 되자 모란꽃이 활짝 피었다. 아름다운 모란꽃이었지만 나비나 벌이 찾지를 않았다. 관리와 궁녀들은 모란이 활짝 핀 모습이 아름답기는 했지만, 덕만의 말대로 향기가 없는 꽃이라는 사실에 실망하였다.

"과연 덕만 공주님의 말씀이 맞는구나."

"역시 영리한 공주님이셔."

진평왕은 덕만의 명석함과 사물을 꿰뚫어 보는 눈에 다시 한번 놀라면서 자신의 뒤를 이어 임금이 될 덕만에게 희망을 가지게 되었다.

덕만은 백성들이 어떻게 살고 있나 궁금하여 가끔 미행을 나갔다. 어딜 가나 백성들의 얼굴에는 피곤이 가득하였다. 그런 백성들을 볼 때마다 덕만은 마음이 아팠다. 덕만 일행이 서라벌을 벗어나 따가운 햇살을 받으며 길을 가고 있을 때였다. 멍하니 하늘을 쳐다보고 있는 할머니가 눈에 띄었다. 덕만은 할머니에게로 다가갔다.

"할머니, 무슨 일이라도 있으신지요?"

"그대가 알아서 무엇을 하려구요?"

"할머니께서 걱정을 가지고 계신 듯해서 마음이 편하지 않네요. 무슨 일이신지요?"

덕만이 끈질기게 물어보자 할머니가 입을 열었다.

"이놈의 세상, 살아서 뭐하나 싶군요. 어린 나이에 시집 와서 아이 낳고 행복하게 사는가 싶을 때 남편이 전쟁터에서 죽더니만, 이제는 아들마저 전쟁터에서 죽었으니 말이오."

"저런, 안 되셨군요!"

"남자들이 없으니 늙은 내가 농사를 지을 수도 없고……. 먹고 살 길이 막막하다오."

할머니는 깊은 한숨을 내쉬었다.

덕만은 할머니의 처지가 안타까워 가슴이 아팠다.

'모든 것이 다 전쟁 때문이야. 도대체 전쟁을 왜 하는 것일까? 그리고 사람은 왜 죽어야만 할까?'

덕만은 공주로서 백성들의 어려움을 너무 몰랐다는 사실에 죄를 지은 것 같았다.

궁궐로 돌아온 덕만이 진평왕을 찾았다.

"폐하, 소녀가 절로 들어가 공부를 좀 더 해야겠습니다."

"아니, 무슨 말이더냐? 이곳에서도 얼마든지 공부할 수 있지 않더냐?"

"아닙니다. 이곳은 소녀가 게으름을 피우기에 너무 좋은 곳입니다. 그리고 백성들의 어려움을 너무 모르고 생활을 하였습니다."

"절에서의 생활은 공주에게는 불편한 것이 많을 텐데······."

"백성들이 겪는 어려움에 비하면 그 정도는 아무것도 아니겠지요."

수양
몸과 마음을 갈고닦아 품성이나 지식, 도덕 등을 높은 경지로 끌어올림.

진평왕은 덕만의 생각이 확고하다고 느꼈다. 자신의 후계자로 생각하는 덕만이 절에서 정신 수양修養도 하고, 어려운 백성들도 직접 만나 백성들의 생활을 피부로 느낀다면 더욱 훌륭한 정치를 하리라 생각하였다.

"알았다. 네 뜻이 정 그러하다면 할 수 없구나. 그러나 조건이 있다."

"조건이라뇨?"

"짐이 부르면 언제든지 다시 궁궐로 돌아와야 하느니라."

덕만은 주저하였다. 지금 생각으로는 궁궐을 떠나 화주승化主僧을 하면서 백성들과 직접 부딪치고 싶었다. 하지만 자신의 뜻을 말했다가는 진평왕이 허락하지 않을 것 같았다. 하는 수없이 덕만은 아버지의 뜻에 따르기로 하였다.

"폐하의 뜻에 따르겠사옵니다."

진평왕과 마야 부인에게 인사를 한 후 덕만은 궁궐을 떠났다.

3월이지만 차가운 바람이 얼굴을 때렸다. 그러나 공부를 하기 위해서라면 그 정도 바람쯤은 아무것도 아니었다. 이윽고 멀리서 풍경소리가 들려오더니 아담한 절이 나타났다.

"저기가 영묘사靈廟寺로구나."

산으로 둘러싸인 영묘사는 조용하면서도 아늑한 절이었다.

"내가 생활하기에 좋은 절이로구나."

덕만은 영묘사의 대웅전大雄殿으로 향했다. 대웅전에서는 저녁 공양供養이 한창인지 불경을 외우는 소리가 들렸다. 덕만은 공양이 끝나기를 기다리면서 절 주위를 살펴보았다.

공양이 끝나기를 기다렸다가 덕만은 주지 스님을 찾았다. 주지 스님은 덕만이 온다는 소식을 들었는지 반갑게 맞아 주었다.

"어서 오십시오. 이런 누추한 곳에서 공주님이 생활할 수 있으실지 걱정입니다."

"이렇게 반겨 주시니 감사합니다."

화주승
민가에 다니면서 사람들로 하여금 불교를 믿게 하고, 시주를 받아 절의 양식을 대는 중.

영묘사
신라 선덕여왕 때 경주에 건립된 절. 경덕왕 때 판관을 둘 만큼 나라로부터 특별한 대우를 받았으며 여러 번 재해를 입었으나 복구되었다.

대웅전
절에서, 본존 불상(本尊佛像)을 모신 법당.

공양
불(佛), 법(法), 승(僧)의 삼보(三寶)나 죽은 이의 영혼에게 음식, 꽃 등을 바치는 일. 또는 그 음식.

곧이어 잡곡을 섞은 밥과 된장국, 그리고 산나물로 이루어진 저녁상이 들어왔다. 배도 고프고 지쳐 있었으므로 밥맛은 그야말로 꿀맛이었다. 궁궐에서와는 비교할 수 없는 소박한 상차림이었지만 그 어느 때보다도 맛있는 식사였다.

그날부터 덕만의 방은 늦도록 불이 켜져 있었다. 공부를 하면서 틈틈이 영묘사 주변을 산책하는 것도 중요한 일과 중 하나였다. 날씨는 쌀쌀했지만 산새들이 노래하고 꽃이 가득 피어 있으니 저절로 신선이 된 듯하였다.

날이 따뜻해지자 덕만은 자신의 계획대로 화주승으로 나가 백성들과 함께 생활하며 백성들의 생활을 느끼고 싶었다. 덕만이 계획대로 영묘사를 막 나가려고 할 때 멀리서 먼지를 날리며 말이 달려오고 있었다. 덕만은 무슨 일인가 하고 발걸음을 멈추었다.

"공주마마, 어서 궁궐로 돌아오시라는 어명御命입니다."

"무슨 일이냐?"

"지금 폐하께서 몸이 좋지 않으시옵니다. 공주마마를 찾고 계십니다."

"아바마마께서 몸이 좋지 않으시다고?"

덕만의 얼굴이 새하얘졌다. 이제 절 생활에 익숙해져 재미를 붙이는 중이었지만 그렇다고 절에 있을 수는 없는 일이었다. 덕만은 아쉬움을 남겨 두고 영묘사를 떠났다.

궁궐에 도착하니 마야 부인이 반갑게 맞아주었다.

"어서 오너라. 아바마마께서 너를 찾으시는구나."

어명
임금의 명령.

마야 부인과 함께 덕만이 진평왕을 찾았다.

"덕만아, 내가 이제 얼마 살지 못할 것 같구나. 내 뒤를 이어 네가 신라를 이끌도록 하라."

진평왕은 손을 들어 덕만의 손을 잡았다.

"아바마마의 뜻을 이어 신라를 더욱 발전시키겠나이다."

덕만의 다짐을 듣자 진평왕의 손에서 힘이 빠져나갔다.

진평왕은 재위 54년만인 632년에 세상을 떠났다. 진평왕은 자신의 딸인 덕만에게 임금의 자리를 물려 준다고 했지만 귀족회의인 화백회의의 결정이 있어야만 했다. 그리하여 귀족들은 회의를 열었다.

"성골聖骨 중에 왕자는 없는 것으로 압니다. 어느 분을 임금으로 즉위시켜야 할까요?"

화백회의의 의장인 상대등이 조심스럽게 말을 꺼냈다.

"지금 국민들의 뜻을 들어보면 왕자가 없는 상황에서 당연히 덕만 공주님께서 임금이 되어야 한다고 생각하고 있습니다."

"어찌 여자가 임금이 될 수 있단 말이오?"

이찬 칠숙과 아찬阿湌 석품이 반대하고 나섰다. 귀족들은 칠숙과 석품의 뜻에 따르는 사람과 덕만을 임금으로 즉위시켜야 한다는 사람들로 나뉘어졌다. 이때 을제가 나섰다.

"덕만 공주님은 예사例事 여자와는 다르옵니다. 지난번 모란꽃 그림을 볼 때도 남들이 미처 깨닫지 못하는 사실을 보는 눈이 놀라울 정도가 아니었습니까?"

성골
신라시대 때 골품의 첫째 등급. 부모가 모두 왕족인 사람으로 사조 혁거세부터 28대 진덕여왕까지이다.

아찬
신라 때의 십칠 관등 가운데 여섯째 등급. 육두품이 오를 수 있었던 가장 높은 관등이다.

을제
언제 태어나고 죽었는지는 알 수가 없으나, 선덕여왕이 임금이 되면서 4년 동안 상대등이 되어 왕권의 안정에 도움을 줌.

예사
보통의. 보통 있는 일.

"그렇소. 왕자가 없는 상황에서는 신라의 임금이 될 사람은 오직 덕만 공주님이십니다."

만장일치滿場一致가 원칙인 화백회의이므로 상대등은 다시 물었다.

"덕만 공주님을 즉위시키는데 반대하시는 분 있습니까?"

반대의견이 없자, 상대등은 공식적으로 선포하였다.

"그러면 백성들의 뜻과 여러분의 의견대로 덕만 공주님을 임금으로 추대推戴하겠습니다. 그리고 이제 임금이 되셨기 때문에 성조황고聖祖皇姑라는 호號를 올리도록 하겠습니다."

이리하여 덕만 공주는 632년에 신라 제27대 임금이 되었다. 비록 화백회의에서는 어쩔 수 없이 찬성했지만 이찬 칠숙과 아찬 석품은 여전히 불만이었다.

"신라 땅에 임금이 될 수 있는 사람이 그렇게 없단 말이오?"

"그렇습니다. 어찌 여자를 임금으로 모신단 말입니까?"

"그럼 어떻게 하는 것이 좋겠습니까?"

칠숙의 말에 석품은 곰곰이 생각에 잠기었다. 잠시 후에 석품이 말했다.

"우리라고 임금이 되지 말라는 법이 있습니까?"

"맞습니다. 군사를 일으켜 덕만 공주를 따르는 무리들을 몰아내고 남자들의 신라를 만들어 봅시다."

두 사람은 귀족들 중에 덕만이 임금을 계승하는 것에 반대하는 사람들을 모았다. 생각한 것보다 많은 사람들이 모이자 칠숙이 말

만장일치
한 사람의 반대자 없이 모든 사람의 의견이 같음.

추대
윗사람으로 떠받듦.

호
본명이나 자 이외에 쓰는 이름.

했다.

"여자에게 우리 신라를 맡길 수는 없습니다. 우리가 군사를 일으켜 여왕을 몰아내고 새로운 신라를 건설합시다."

칠숙의 말에 사람들이 박수로 찬성하였다. 칠숙과 석품은 곧 군사를 비밀리에 모집하였다.

한편 선덕여왕善德女王은 사냥대회를 연 꿈을 꾸고 있었다. 사냥대회에서는 사람들이 저마다 많은 동물들을 잡아 상을 타려고 동물을 쫓고 있었다. 여왕도 동물을 찾아 남쪽으로 향하는 숲속을 지나왔다. 그런데 주위가 너무 조용하여 주변을 살펴보던 여왕은 깜짝 놀랐다. 주위에 아무도 없었기 때문이었다.

"아무도 없어요?"

그러나 들려오는 것은 메아리뿐이었다. 하는 수없이 오던 길을 되돌아왔다. 이때 몸집이 큰 청년들이 나타나 길을 가로막았다.

"너희들은 누구냐?"

"우리들은 너를 죽이려고 하는 사람들이다."

"나를 죽이려 한다고……. 그래, 좋다. 나를 죽이려 하는 이유나 들어보자."

"너는 신라의 임금이 될 자격이 없다. 우리는 여자를 임금으로 모시지 않을 것이다."

청년들은 칼을 뽑더니 덕만을 향해 내리쳤다. 여왕은 놀라 소리를 질렀다.

"폐하, 무슨 일이신지요?"

문 밖에 있던 시녀가 방 안으로 뛰어 들어왔다.

"꿈을 꾸었구나. 하지만 이상한 일이다. 어서 상대등을 들라고 하라."

"분부대로 거행하겠습니다."

선덕여왕의 명령을 받고 을제가 황급히 궁궐로 왔다.

"폐하, 무슨 일이신지요?"

"꿈이 너무나 현실과 같아서요."

"현실과 같다니요?"

선덕여왕은 자신이 꾼 꿈 이야기를 들려주었다.

"아무래도 짐이 임금이 되는 것을 반대하는 무리들이 반역反逆/叛逆을 꾀하는 모양입니다. 내가 남쪽으로 사냥을 하러 간 것으로 보아 아무래도 남쪽에 사는 사람일 것이오. 관리들 중 누가 남쪽에 살고 있습니까?"

"이찬 칠숙과 아찬 석품이 살고 있습니다."

"그들은 전에 짐이 임금이 되는 것을 반대했던 사람들이 아니오?"

"그러하옵니다."

"어서 군사를 이끌고 남문에서 기다리세요. 분명 그들이 남문으로 군사를 이끌고 올 것입니다."

"분부대로 거행하겠사옵니다."

을제는 군사를 이끌고 남문에 숨어 있었다. 그러나 아무리 기다

> **반역**
> 통치자에게서 나라를 다스리는 권한을 빼앗으려고 함.

려도 칠숙과 석품의 모습은 보이지 않았다.

'폐하께서 쓸데없는 걱정을 하신 것 같군.'

을제가 혼잣말을 하며 돌아가려고 할 때 병사가 달려왔다.

"남문 밖에서 많은 군사들이 이곳으로 향하고 있사옵니다."

"뭣이라고? 어서 군사들에게 싸울 준비를 갖추라고 하라. 그리고 내 명령이 있을 때까지는 절대로 공격하지 마라."

"분부대로 거행하겠습니다."

반란군叛亂軍들이 남문 가까이 다가오자 을제가 소리쳤다.

"반란군을 향해 활을 쏴라!"

을제의 명령에 따라 화살이 쏟아져 내렸다. 예상치 못한 공격에 칠숙과 석품은 당황하여 소리쳤다.

"절대로 물러나지 마라. 어서 성을 공격하라!"

그러나 신라 군사들의 공격에 사기가 떨어진 반란군은 뒷걸음질을 하였다.

"물러서지 마라. 싸움에 임하면 반드시 승리를 해야 하는 것이 화랑의 계율이지 않느냐? 요망한 여왕을 몰아내자."

칠숙의 명령에 반란군이 다시 남문으로 접근하였다. 남문에 가까이 오자, 이번에는 신라 군사들이 갑자기 뜨거운 물을 쏟아 부었다. 반란군들은 혼비백산魂飛魄散하여 뒤로 물러났다. 반란군이 우왕좌왕하자 을제는 남문을 열고 신라 군사들로 하여금 반란군을 뒤쫓게 하였다.

"반란군을 한 놈도 남기지 마라."

반란군
반란을 일으킨 군대.

혼비백산
정신이 어지러이 흩어진다는 뜻으로, 몹시 놀라 정신을 잃음을 이르는 말.

처형
형벌에 처함.

 칠숙과 석품은 신라 군사에게 잡혀서 처형處刑을 당하였다. 이 일로 인하여 선덕여왕은 관리와 백성들에게 더욱 믿음을 주게 되었다.
 한편 당나라 태종은 세상을 떠난 진평왕에게 글을 보내 좌광록대부라는 벼슬을 내리고 비단 200필을 보내왔다.

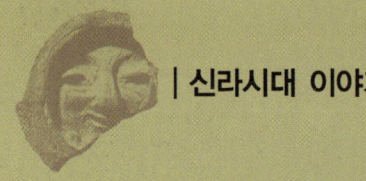

| 신라시대 이야기 | 04

신라시대에는 여왕이 3명 있었는데 결혼은 하였을까요?

    서양 여러 나라에는 여왕이 많이 있습니다. 이들 여왕 중 특히 영국의 엘리자베스 1세와 빅토리아 여왕, 그리고 러시아의 예카테리나 2세는 유명한 여왕입니다.

    엘리자베스 1세는 그때까지 세계를 지배하던 에스파냐를 물리쳤으며, 빅토리아 여왕은 영국에서 가장 많은 영토를 소유한 왕이었습니다. 러시아의 예카테리나 2세는 투르크를 상대로 한 전쟁에서 이겨 러시아를 흑해연안으로 진출시켰습니다. 현재도 영국은 여왕이 다스리고 있습니다.

    그러면 우리나라는 어땠을까요?

    우리나라에서 고구려, 백제, 신라, 발해, 고려, 조선시대의 왕을 모두 합하면 190명입니다. 이중 여왕은 단지 3명뿐입니다. 남자와 비교하면 그 숫자가 너무 적습니다. 그 이유는 단지 '암탉이 울면 집안이 망한다.'는 속담과 관련 있기 때문입니다. 그리고 우리나라는 왕이 죽으면 큰아들이 왕위를 이었기 때문입니다. 그래서 나라의 발전이 더디지 않았을까요?

    더군다나 3명의 여왕은 신라에만 있었습니다.

    선덕여왕(재위 632~647), 진덕여왕(眞德女王, 재위 647~654), 진성여왕(眞聖女王, 재위 887~897)이 바로 그들입니다. 이들 여왕은 과연 왕위를 어떻게 계승했을까요? 결혼은 했을까요?

먼저 선덕여왕은 앞선 왕인 진평왕의 큰딸입니다. 임금으로 오르기 전에 한때 스님이 되기도 하였지만 진평왕에게는 아들이 없었으므로 절에 가 있던 딸을 돌아오게 하여 왕위에 오르게 하였던 것입니다. 원래 왕이 되려는 뜻은 없었으나 아버지의 뜻에 따라 왕이 되었던 것이지요. 그러면 스님이었으니 결혼은 하지 않았을 것이라고 단정할 것입니다. 그러나 사실은 이와 다릅니다. 《삼국유사三國遺史》의 왕력(王曆, 일종의 연대표임)에 의하면 '왕의 배필은 음 갈문왕葛文王이다.'라고 되어 있습니다. 선덕여왕은 남자 못지않게 정치를 하였으며, 첨성대와 황룡사 9층 탑을 세웠습니다.

후계자가 없이 죽은 선덕여왕의 뒤를 이어 진평왕의 동생인 국반 갈문왕의 딸 승만勝曼이 여왕으로 오르니, 이가 진덕여왕입니다. 어머니는 월명 부인입니다. 진덕여왕의 결혼 여부에 관해서는 《삼국사기》나 《삼국유사》에 언급이 없으므로 하지 않은 것으로 생각할 수 있습니다. 대외적으로 당나라와 외교 관계를 맺으면서, 김유신 등 이름난 장군을 뽑아 국력을 강하게 하여 고구려 · 백제와 싸웠으며, 삼국 통일의 기초를 닦았습니다. 이 정도면 서양의 여왕과 비교하여 조금도 뒤지지 않는다고 생각됩니다.

진성여왕은 신라가 한참 어려울 때, 오빠인 정강왕定康王의 뒤를 이어 왕이 되었습니다. 혜공왕惠恭王 이후 경순왕敬順王까지 20명의 왕이 바뀌는데, 그 기간은 불과 170년입니다. 신라의 왕들이 평균 왕으로 있었던 기간이 17.7년이나, 이때는 8.5년에 불과하니 굉장히 혼란스러웠던 시기라고 할 수 있습니다. 이런 어려울 때에 정강왕은 과거의 선덕 · 진덕여왕 시대의 영광을 찾기 위해 여동생인 헌만을 왕위에 오르게 하니 이가 곧 진성여왕이었습니다.

그러나 진성여왕은 오빠의 뜻과는 달리 정치에는 별 뜻이 없었으며 어려움은 계속되었습니다. 그리하여 그것이 자신의 잘못이라 여기고 왕위를 효공왕孝恭王에게 양보하였습니다. 진성여왕은 《삼대목三代目》이라는 향가鄕歌집을 편찬하였는데, 이를 쓴 각간 위홍魏弘이 남편이라고 《삼국유사》 왕력표에 나와 있습니다. 그러나 이 책 권

2의 〈진성여왕조〉에는 유모인 부호부인의 남편이라고 위홍에 대해 적고 있습니다. 그러나 위홍이 죽은 뒤 혜성대왕이라 시호를 내린 것으로 보아 남편으로 생각할 수 있습니다.

그러므로 3명의 신라 여왕 중에서 진덕여왕을 제외하고는 결혼을 했음을 짐작할 수 있습니다.

진덕여왕 신라 제28대 왕(?~654). 성은 김(金), 이름은 승만(勝曼). 연호를 태화(太和)로 정하고, 648년 김춘추를 당나라에 보내 군사 원조를 받았으며, 김유신을 기용하여 국력을 키워 삼국 통일의 기초를 닦았다. 재위 647~654년.

진성여왕 신라의 제51대 왕(?~897). 성은 김(金), 이름은 만(曼). 재위 기간 중에 나라가 혼란에 빠졌으며 후삼국으로 다시 나누어지게 되었다. 888년 각간 위홍과 대구 화상에게 향가집 《삼대목》을 편찬하게 하였다. 재위 887~897년.

갈문왕 신라시대 때 왕의 아버지, 장인, 외조부, 형제 또는 여왕의 남편 등에게 내리던 칭호. 왕과는 엄연히 구별되었지만 왕에 버금가는 높은 지위였다.

정강왕 신라 제50대 왕(?~887). 이름은 황(晃), 성은 김(金). 황룡사에 백고조(百高座)를 베풀어 청강(聽講)하였으며, 이찬 김요(金蕘)의 반란을 평정하였다. 재위 886~887년.

혜공왕 신라 제36대 왕(758~780). 성은 김(金), 이름은 건운(乾運). 재위 중 천재지변이 자주 일어나 민심이 흉흉하였으나 사치와 방탕을 일삼고 국사를 돌보지 않다가, 780년에 김지정의 난으로 살해되었다. 재위 765~780년.

경순왕 신라 제56대 마지막 왕(?~979). 성은 김(金), 이름은 부(傅). 경애왕이 죽은 뒤 견훤에 의해 왕위에 올랐으나, 935년 고려 왕건에게 항복하였다. 재위 927~935년.

효공왕 신라의 제52대 왕(?~912). 성은 김(金), 이름은 요(嶢). 진성여왕의 뒤를 이어 즉위하였으나, 궁예와 견훤에게 많은 영토를 빼앗기고도 정사(政事)를 돌보지 않아 후삼국이 정립되는 것을 막지 못하였다. 재위 897~912년.

향가 향찰(鄕札)로 기록한 신라 때의 노래. 민요적·불교적인 내용으로, 작가층은 승려·귀족·평민 등 다양했다. 4구체, 8구체, 10구체의 세 가지 형식이 있다. 현재 《삼국유사》에 14수, 《균여전》에 11수로 모두 25수가 전한다.

삼대목 신라 진성여왕 2년(888)에 왕명에 따라 위홍과 대구 화상이 향가를 수집하여 엮은 우리나라 최초의 향가집. 오늘날은 전하지 않고 《삼국사기》의 〈신라 본기(新羅本紀)〉에 책 이름만 전한다.

위홍 신라 진성여왕 때의 총신(寵臣)(?~888). 여왕의 총애로 각간이 되어 권력을 휘둘렀으며, 왕명으로 대구 화상과 함께 《삼대목》이라는 향가집을 엮었으나 현존하지 않는다.

5. 선덕여왕을 도운 김유신과 김춘추

선덕여왕은 진평왕의 장례를 치른 후에 본격적으로 신라를 다스렸다. 선덕여왕이 가는 곳에는 어디든지 김유신金庾信과 김춘추가 따랐다.

김유신은 가야伽倻/伽耶/加耶를 건국한 김수로왕金首露王의 12대손으로 가야 왕족이었다. 김유신의 조상들은 가야 중에서 가장 나라의 힘이 강했던 금관가야를 다스렸다. 철기 문화가 발달한 금관가야의 국력이 약해진 때는 내물왕奈勿王 때 신라를 침입한 왜구 때문이었다. 고구려 광개토대왕廣開土大王이 왜구를 물리치면서 금관가야로 도망가는 왜구와 함께 김해를 공격했기 때문이었다.

나라의 힘을 잃은 금관가야는 김유신의 증조할아버지인 김구해가 법흥왕法興王 19년(532)에 항복을 하면서 나라가 멸망하였다. 법

김유신
신라의 명장(595~673). 가야국의 시조 수로왕의 12대손으로, 태종 무열왕 7년(660)에 당나라의 소정방과 함께 백제를 멸망시키고, 문무왕 8년(668)에 고구려를 정벌한 후 당나라 군사를 축출하는 데 힘써 삼국 통일의 기반을 다졌다.

가야
신라 유리왕 19년(42)에 낙동강 하류 지역에서 12부족의 연맹체를 통합하여 김수로왕의 형제들이 세운 여섯 나라를 통틀어 이르는 말. 금관가야를 맹주로 하여 여섯 개가 있었는데, 562년에 대가야를 마지막으로 신라에 병합되었다.

김수로왕	가야의 시조(始祖)(?~199). 일명 수릉(首陵). 하늘로부터 김해의 구지봉에 내려와 여섯 가야를 세웠다는 여섯 형제의 맏이로, 김해 김씨의 시조이다. 재위 기간은 42~199년.
내물왕	신라 제17대 왕(?~402). 고대 국가 체제를 갖추고 왕권을 강화했으며, 이 시기에 한자가 처음 사용된 듯하다. 재위 356~402년. 늑내물이사금
광개토대왕	고구려 제19대 왕(374~413). 이름은 담덕(談德). 고국양왕의 태자로 18세에 왕위에 올랐다. 불교를 신봉하였고, 남북으로 영토를 크게 넓혀 만주와 한강 이북을 차지하는 등 고구려의 전성시대를 이룩하였다. 재위 391~413년. 늑광개토왕·호태왕
법흥왕	신라 제23대 왕(?~540). 성은 김(金), 이름은 원종(原宗). 이 무렵 불교가 들어왔고, '건원(建元)'이라는 연호를 썼다. 처음으로 율령을 반포하여 백관(百官)의 공복(公服)을 정하는 등 국가 체제의 확립에 힘을 기울였다. 재위 514~540년.
진골	신라시대 때 두 번째 골품 등급. 부모 중 어느 한쪽이 왕족인 사람.
순수비	임금이 나라 안을 두루 살피며 돌아다닌 곳을 기념하기 위하여 세운 비석.

흥왕은 항복한 김구해에게 말했다.

"그대는 금관가야의 임금으로 상등의 지위를 갖게 하면서 금관가야를 계속 다스리도록 하라."

"성은이 망극하옵니다."

그리하여 진골眞骨 귀족으로 대우를 받으며 김해 지방을 다스렸다. 김유신의 집이 크게 일어선 것은 할아버지인 김무력 때이다. 김무력은 진흥왕 때 활약한 사람이다. 진흥왕은 백제와 나제동맹을 맺어 고구려가 추진하는 남진정책을 막고자 하였다. 드디어 신라와 백제는 함께 고구려를 공격하여 백제는 한강 하류를, 신라는 한강 상류를 차지하였다. 진흥왕은 이를 기념하기 위하여 단양에 국경을 넓힌 것을 기념하기 위한 순수비巡狩碑를 세웠다.

한강 하류를 차지한 백제의 성왕聖王은 한강 상류까지 차지하려고 신라의 관산성(오늘날의 옥천)을 공격하려고 하였다. 이에 백제의 관리들이 반대하였다.

"폐하, 전쟁을 너무 오래도록 치렀으므로 백성들이 많이 지쳐 있사옵니다. 다음 기회로 미루는 것이 좋을 듯합니다."

"그러하옵니다."

"통촉하시옵소서."

그러나 성왕의 생각은 달랐다.

"신라도 고구려와 싸우느라 정신이 없습니다. 이럴 때 신라를 공격하는 것이 유리할 것이오."

성왕의 고집에 백제의 관리들은 더 이상 반대하지 못했다. 성왕은 직접 군사를 이끌고 관산성으로 향했다. 백제의 공격 소식을 듣고 신라 군사들은 바짝 긴장하였다.

"이곳은 성이 튼튼하므로 제아무리 백제의 성왕이 온다고 하더라도 우리를 이기지는 못할 것이다. 또한 죽기를 각오하면 이기지 못할 것이 없도다."

관산성주의 말에 신라군은 사기가 크게 올랐다.

백제의 군사들은 납작 엎드려 나무 방패로 화살을 막으면서 성으로 가까이 접근하려고 하였다. 신라 군사들은 있는 힘을 다하여 백제 군사들에게 화살을 날렸지만 수적으로 많은 백제 군사들을 당하기는 어려웠다.

"물러나지 마라!"

관산성주가 아무리 소리쳐도 신라 군사들은 다리에 힘이 빠졌다.

관산성이 위기에 빠졌다는 소식은 서라벌에도 알려졌다. 진흥왕은 급히 김무력을 불렀다.

"김 장군이 구원병을 이끌고 관산성으로 가시오."

"목숨을 바쳐 백제군을 막겠사옵니다."

김무력은 관산성 공격밖에 생각이 없는 성왕의 뒤쪽을 공격하기로 하였다. 성왕의 군사에게 가까이 접근한 김무력이 이끄는 신라 군사들이 갑자기 나타나자 백제의 군사들은 혼비백산하였다.

"신라의 구원병이다!"

백제 군사들이 당황하여 우왕좌왕右往左往할 때 김무력이 소리쳤다. 성왕을 죽이면 백제 군사들은 무너질 것이 뻔하기 때문이었다.

성왕
백제의 26대 임금으로 무령왕의 아들이며 이름은 명농이다. 서울을 사비로 옮기고 국호를 남부여로 부르면서 백제를 중흥하려고 하였다. 16관등제와 서울과 지방을 각각 5부와 5방으로 행정구역을 정비하였다. 노리사치계를 일본에 보내어 불교를 전했으나, 관산성에서 신라군과 싸우다가 전사하였다. 재위 523~554년.

우왕좌왕하다
이리저리 왔다 갔다 하며 일이나 나아가는 방향을 종잡지 못하다.

"백제의 성왕을 찾아라!"

김무력의 명령에 따라 날랜 병사들은 성왕을 찾았다.

"저기 왕이 있음을 알리는 깃발이 있습니다."

병사가 가리키는 곳을 보자 임금의 깃발인 빨간 깃발이 펄럭이고 있었다.

"저곳을 집중 공격하라!"

신라 군사들은 함성을 지르며 성왕이 있는 곳으로 달려갔다. 백제 군사들은 뿔뿔이 흩어지기 시작하였다. 마침내 성왕은 버티지 못하고 신라 군사들에 의해 목숨을 잃었다.

"성왕을 죽였다. 백제 군사들을 한 놈도 살려두어서는 안 된다."

김무력의 말에 따라 신라 군사들이 백제 군사의 뒤를 쫓아 닥치는 대로 잡거나 죽였다. 신라는 큰 승리를 거두었다. 가야 출신이라고 비아냥거리던 신라의 귀족들도 점차 실력을 인정하게 되었다.

김무력은 관산성 싸움에 아들인 김서현金舒玄을 함께 데리고 갔다. 관산성 싸움에서 공을 인정받은 김서현에게 소판대량주도독안무대량주군사라는 관직이 내려졌다. 김서현이 기쁜 마음을 안고 집으로 돌아가던 길이었다. 멀리 눈이 부실 정도로 아름다운 한 여인이 김서현 쪽으로 걸어오고 있었다. 김서현은 걸음을 멈추고 여인을 쳐다보았다. 여인도 김서현을 힐끔 쳐다보며 지나갔다. 김서현은 여인에게 마음을 빼앗겼다. 김서현은 몸종을 붙들고 물었다.

"어느 댁 낭자娘子이시냐?"

김서현의 마음을 안다는 듯 몸종이 웃으며 말했다.

비아냥거리다
남을 은근히 비웃는 태도로 자꾸 놀리다.

김서현
신라시대 때 장군으로 김유신의 아버지. 백제와의 싸움에서 많은 공을 세웠다.

몸종
예전에 잔심부름하던 여자 종을 이르던 말.

낭자
예전에 '처녀'를 높여 이르던 말.

"저분은 갈문왕 입종의 아들인 숙흘종의 딸 만명입니다."

김서현은 마음이 설레었다. 그러나 마음이 설레는 것은 김서현뿐만이 아니었다. 만명도 마찬가지였다. 잘생긴 얼굴과 늠름한 모습에 그녀도 반했던 것이다. 김서현은 만명이 영묘사를 자주 찾는다는 소문을 듣고 영묘사를 찾았다. 김서현이 영묘사를 찾은 지 사흘째 되던 어느 날이었다. 드디어 만명이 나타났다. 김서현이 만명에게로 다가가자 만명의 얼굴이 빨개졌다. 두 사람은 사람들의 눈을 피해 영묘사 모퉁이로 갔다.

"낭자, 낭자를 보는 순간 좋아하게 되었소."

"………"

만명은 말을 잇지 못하고 고개를 숙였다. 만명도 마음은 김서현에게 있었지만 걱정도 있었다. 자신은 왕족이지만 김서현은 가야 출신이기 때문이었다.

"도련님과 소녀가 만나면 어려움이 많을 것입니다."

"어려움이라니요? 우리는 젊은 사람들입니다. 어떤 문제라도 이겨낼 수가 있을 것입니다."

"우리 부모님들께서……. 도련님께서 다시 한번 생각을 해 보시지요."

"아니오. 무슨 일이 있어도 낭자를 포기할 수가 없습니다."

김서현의 마음을 알게 된 만명은 그의 뜻을 따를 수밖에 없었다. 영묘사에서 만난 이후 두 사람은 매일 만나 사랑을 키워 나갔다. 그러던 어느 날 두 사람에게 안타까운 소식이 전해졌다. 김서현이 만노군(오늘날의 진천) 태수를 맡게 되었던 것이다. 김서현은 만명을 두고 도저히 만노군으로 갈 수가 없었다. 만명도 김서현과 떨어져 지낼 수는 없었다. 두 사람은 함께 만노군으로 가기로 약속하였다. 집으로 돌아와 만명은 아버지 숙흘종에게 말했다.

"아버지, 소녀가 마음에 둔 남자가 있습니다."

만명이 남자를 사귄다는 말에 숙흘종은 기뻐하였다.

"그래, 그가 누구냐?"

"김무력의 아들인 김서현이옵니다."

"김무력이라면?"

김무력이라는 말에 숙흘종의 이마가 찌그러졌다.

"절대 안 될 혼인이다. 앞으로 넌 외출을 할 수 없다."

숙흘종은 만명을 방에 가두고 나가지 못하게 하였다.

김서현은 만명의 집으로 달려가 그녀의 방에 신호를 보냈다. 잠시 후 창문이 열렸다.

"도련님, 어떻게 하면 좋습니까?"

"무슨 일입니까?"

"아버지께서 도련님과의 혼인은 절대로 안 된다고 하십니다."

"낭자는 정말 나를 잊을 수가 있습니까?"

"그럴 수는 없사옵니다."

"좋소, 그럼 어서 창문으로 뛰어내리시오."

"창문으로요?"

겁먹은 만명이 창문으로 뛰어내렸다. 두 사람은 말을 타고 만노군으로 떠났다. 그 후 두 사람은 행복한 날들을 보냈다.

　진평왕 16년(595), 만노군 태수로 일하는 김서현이 꿈을 꾸었다.

　고구려와 백제의 침략으로 늘 긴장을 늦출 수 없었던 김서현이 마당으로 나와 하늘을 쳐다보았다. 별들이 반짝이고 있었다. 오랜만에 쳐다보는 하늘이었다. 그중 유난히 빛나는 별이 하나 보였다.

"저 별은……."

김서현은 빛나는 별에서 눈을 뗄 수가 없었다.

"혹시 화성일까?"

잠시 후 화성이라고 생각한 별이 점점 커지며 빛났다.

"어, 별이 점점 커지는군."

커다란 별이 김서현에게로 다가왔다. 김서현이 별을 피하면 계속하여 그를 쫓아왔다. 그러더니 별이 김서현의 품으로 들어왔다. 김서현은 팔을 벌리고 별을 끌어안았다.

"무슨 일이세요?"

잠자고 있던 김서현이 팔을 들고 허우적거리는 모습을 본 만명이 그를 깨웠다.

"꿈을 꾸었소."

"무슨 꿈이기에 팔을 들어 허공을 껴안고 그러십니까?"

"별이 내 품에 떨어졌습니다."

"어머, 그래요? 사실 저도 별을 품에 안는 꿈을 꾸었답니다."

"부인도요?"

"우리에게 좋은 일이 있을 것 같군요."

두 사람은 손을 맞잡고 웃었다. 몇 달 후 만명은 임신을 했고, 시간은 물 흐르듯이 빠르게 흘러 열 달이 지났다. 그러나 아기가 태어날 기미가 보이지 않았다. 부부는 걱정으로 하루하루를 보냈다. 그러다 보니 스무 달이 가까이 흘렀다.

그러던 어느 날 집안에 꽃향기가 가득하였다. 꽃향기를 따라 학이 날아들어 춤을 추자, 만명에게 진통이 시작되었다. 그리고 곧 남자아기를 낳았다.

이렇게 태어난 유신은 15세에 화랑이 되어 무예武藝에 열중하였다. 화랑 중에서는 유신을 따를 만한 사람이 없었다. 사람들은 유신을 '국선國仙'으로 뽑았다. 국선은 화랑 중에서도 가장 믿음을 받는 대장격이었다.

어느 날 유신이 말했다.

"아버지, 산으로 들어가 무예를 닦고 싶습니다. 부디 허락해 주십시오."

"이곳에서도 얼마든지 무예를 닦을 수 있지 않겠니?"

"울산에 있는 인박산으로 가고 싶습니다. 그곳은 산이 아름답고 물이 맑아 정신을 수양하기에 알맞은 곳이라고 합니다."

"너무 험하지 않겠느냐?"

"소자는 신라의 화랑입니다. 무엇을 겁내겠습니까?"

"알았다. 네 뜻대로 하여라."

아버지의 허락을 받은 유신은 인박산으로 올라갔다. 유신은 바위 위에 자리를 잡고 기도를 하였다.

> **인박산**
> 울산광역시 울주군 두서면에 있는 백운산으로 추정함.

"신이시여, 저에게 힘을 주십시오. 지금 신라는 고구려와 백제의 침략으로 어려움을 겪고 있습니다. 어려움에 빠진 백성들을 구할 수 있다면 제 한 몸을 바칠 것입니다."

유신은 사흘 밤낮을 계속하여 기도를 하였다.

사흘째 되던 밤, 기도를 하는 유신의 머리 위로 두 개의 별이 유난히 빛을 발하더니 잠시 후 곤두박질쳐 유신의 칼로 떨어져 자취를 감추었다. 별이 떨어진 유신의 칼은 더욱 날렵하게 움직이는 듯하여 신기했다.

"이것은 신이 나에게 신라를 구하라고 내려주신 신기神技다."

> **신기**
> 매우 뛰어난 기술이나 재주.

하늘의 뜻으로 받아들인 유신은 더욱 무예에 힘을 쏟았다. 유신이 칼로 베어낸 돌이 산처럼 수북히 쌓였다고 해서 인박산을 '단검산'으로 불렀다고 전해진다.

어느 날 한 청년이 유신을 찾아왔다.

"저는 화랑 백석이라고 합니다."

"무슨 일이요?"

"국선의 소문을 듣고 상의할 것이 있어서 이렇게 찾아뵙게 되었습니다."

"말해 보시오."

"국선의 뜻은 무엇입니까?"

"모두들 그러하듯 우리 신라 백성들이 고구려와 백제의 침입을 받지 않고 평화롭게 사는 것이 아니겠소?"

"저도 국선의 마음과 같습니다. 그런데 호랑이를 잡으려면 호랑이굴로 들어가야 하듯이 적을 이기기 위해서는 적을 잘 알아야 합니다. 그래서 고구려로 몰래 들어가 고구려의 사정을 염탐廉探하는 것도 누군가 해야 할 일이라고 생각합니다."

"고구려를 염탐한다?"

유신은 고개를 갸웃거렸다. 백석은 선뜻 자신의 뜻을 따라주지 않자 다시 힘주어 말했다.

"국선, 고구려만 우리가 물리친다면 백제는……."

백석의 말에 유신은 그제야 고개를 끄덕였다.

"하지만 어떻게 고구려 국경國境을 넘는단 말이오?"

"밤에 넘으면 될 것입니다."

두 사람은 곧 고구려를 향해 길을 떠났다. 국경에 다다르자 백석이 말했다.

"국경을 넘으려면 아무래도 한밤이 좋을 것 같으니, 이곳에서 잠시 쉬었다 가시지요."

두 사람은 인적이 없는 곳에 몸을 뉘였다. 오랫동안 걸었기 때문인지 유신은 자신도 모르게 깜박 잠이 들었다. 잠시 후 누군가 유신을 살그머니 흔들었다. 유신은 손으로 칼을 잡으며 눈을 떴다. 두 명의 여인이 그들을 내려다보고 있었다. 여인들은 입에 손을 대고 조용히 하라는 시늉을 하며 자신들을 따라오라고 하였다. 백석의 모습이 보이지 않는 곳으로 오자 여인들은 갑자기 하늘로 오르며 말했다.

"소녀들은 신라를 지키는 호국신입니다. 지금 어려움에 빠진 신

염탐
몰래 남의 사정을 살피고 조사함.

국경
나라와 나라를 구분 짓는 경계.

라를 구할 사람은 오직 국선뿐입니다. 그런데 지금 국선과 함께 있는 백석은 고구려의 첩자로 국선을 고구려로 유인하고자 온 사람입니다. 그자에게 속지 마십시오.”

제자리로 돌아온 유신은 백석을 깨웠다.

"내가 중요한 물건을 집에 놔두고 왔으니 급히 다녀와야 할 듯싶소.”

"중요한 물건이 아니면 먼저 고구려를 다녀오는 것이 좋지 않을까요?”

"아니오. 고구려를 염탐하는데 꼭 필요한 물건이오.”

유신이 고집을 부리자 백석은 하는 수 없이 유신을 따랐다. 서라벌에 도착하자마자 유신은 백석을 잡아들였다.

"네가 고구려의 첩자라는 걸 알고 있다.”

"아닙니다. 나는 오직 신라만을 위해 무예를 닦는 화랑입니다.”

"그래도 고집을 부리느냐? 어서 사실대로 말하라.”

"몇 번을 물어도 같은 말이오. 나는 신라의 화랑 백석이오.”

유신은 백석을 감옥에 가두게 하였다. 그러자 백석은 도저히 빠져나갈 수 없음을 알고 사실대로 유신에게 말하였다.

"사실 나는 고구려에서 온 첩자가 맞소.”

"왜 나를 고구려로 데려가려고 했느냐?”

"그것은……."

백석은 유신을 고구려로 데리고 가려고 했던 이유를 설명하였다.

하루는 고구려 임금이 물이 거꾸로 흐르는 꿈을 꾸었다. 이상하게 생각한 고구려 임금은 용한 점쟁이를 찾았는데 추남이라는 사람이었다. 임금이 추남에게 물었다.

"내가 물이 거꾸로 흐르는 꿈을 꾸었는데, 이를 풀이해 보라."

추남은 곰곰이 생각을 하다가 말했다.

"아뢰옵기 황송하오나 왕비마마가 다른 남자와 사랑에 빠진 것입니다."

추남의 말에 임금의 얼굴빛이 변했다.

"네 말에 책임을 질 수가 있느냐?"

"황공하옵니다."

임금은 곧 왕비를 불러 물었다.

"중전, 추남의 말이 사실이오?"

"폐하, 소녀가 어찌 다른 남자를 만날 수가 있겠습니까? 통촉하시옵소서."

왕비는 단호하게 아니라고 말했다.

임금은 추남을 다시 불렀다.

"네 말이 사실이라면 내가 내는 문제의 답을 맞혀야 하느니라. 만일 맞히지 못한다면 너는 중전을 모함謀陷한 것이니라."

임금은 곧 상자 속에 쥐를 넣은 뒤 추남에게 물었다.

"이 상자 속에 쥐가 몇 마리가 있느냐?"

추남은 상자를 보더니 자신 있게 말했다.

"여덟 마리입니다."

"여덟 마리라고? 너는 중전을 모함한 것이 틀림없구나."

용하다
재주가 뛰어나고 특이하다.

모함하다
나쁜 꾀로 남을 어려움에 빠지게 하다.

임금은 바로 추남을 죽이려고 하였다.
"억울합니다. 만일 나를 죽이면 다른 나라의 장수로 태어나서 고구려를 멸망시킬 것이오."
추남을 죽이고 임금은 상자 속의 쥐를 꺼냈다. 쥐의 배가 불룩한 것을 보고 배를 갈라보라고 명령하였다. 새끼가 일곱 마리가 있었다.
"이를 어찌해야 할까?"
걱정을 하면서 잠이 든 임금의 꿈에 추남이 만명 부인의 뱃속으로 들어가는 것이었다. 잠에서 깨어난 임금은 만명 부인에게서 태어나는 아이가 청년이 되기를 기다렸다가 백석으로 하여금 죽이려고 했던 것이었다.

백석의 말에 유신은 안도의 한숨을 쉬었다. 그리고 자신을 살려 준 여인들에게 감사를 하였다. 유신은 사당(祠堂)으로 나아가 호국신에 제사를 지냈다.

"호국신이시여, 저를 이처럼 구해 주시니 감사합니다. 앞으로도 부족한 저를 많이 도와주시어 신라를 위해 일할 수 있도록 해 주시옵소서."

김춘추는 진평왕 24(602)년에 진지왕의 손자로 태어났는데 아버지는 이찬(伊飡) 김용춘이며, 어머니는 진평왕의 딸인 천명 부인이다.

성골이었던 아버지는 할아버지 진지왕이 임금의 자리에서 쫓겨남에 따라 신분이 진골로 떨어졌다. 한때 임금이 되려고 덕만(선덕여왕)과 혼인을 하려고 했지만, 그 아우인 천명과 맺어져 김춘추를 낳은 것이다.

김유신과 김춘추는 처남(妻男)과 매제(妹弟)지간이었다. 김유신이 일곱 살 더 많았지만 두 사람은 친구처럼 가깝게 지냈다. 신라를 구하겠다는 같은 생각을 가지고 있었기에 나이 차이는 문제가 되지 않았다. 두 사람은 함께 무예를 닦기도 하고, 유교 경전도 공부했는데 처남과 매제로 맺어지게 된 것은 우연한 일이었다.

김유신에게는 보희와 문희라는 두 명의 여동생이 있었다. 하루는 보희가 꿈을 꾸었다. 서악으로 꽃구경을 간 보희는 오줌이 마려워 참을 수가 없었다. 그래서 다른 사람들의 눈에 띄지 않는 곳에서 오줌을 누었는데 그만 오줌이 서라벌을 잠기게 했다.

사당
조상의 신주(神主)를 모셔 놓은 집.

처남
아내의 남자 형제.

매제
손아래 누이의 남편.

서악
서악은 경주의 서쪽에 있는 선도산을 일컫는 말로 신라 시대를 통틀어 서악은 신라인들에게 신령스러운 산으로 숭배되었다.

이튿날 아침 보희는 문희에게 황당한 꿈 이야기를 하였다. 언니의 꿈 이야기를 들은 문희가 말했다.

"내가 그 꿈을 사겠어요."

"꿈을 산다니, 너 바보 아니니? 꿈을 사서 대체 뭐하려고?"

"언니야 꿈만 팔면 되잖아요."

"그래, 무엇으로 살 건데?"

"무엇을 원하는데요?"

"이왕이면 비싸게 팔아야지."

"그럼 내가 아끼는 비단 치마를 주면 팔겠어요?"

"좋아, 그렇지만 아무래도 후회할 텐데?"

"이제 꿈을 나에게 넘겨주어요."

"꿈을 어떻게 넘겨주면 될까?"

두 사람은 생각에 잠겼다. 잠시 후 문희가 말했다.

"내가 치마를 펼칠 테니 말하면서 나에게 주어요."

"알았어."

문희가 치마를 펼치자 보희가 말했다.

"어젯밤 꿈을 너에게 준다."

문희는 비단 치마로써 꿈 값을 치렀다.

그 후 열흘쯤 지나, 유신과 춘추는 유신의 집 마당에서 축국蹴鞠을 하고 있었다. 축국은 두 기둥을 세우고 그 위에 망을 얹어놓고, 공을 높이 띄워 망 위에 얹는 것으로 누가 망에 공을 많이 얹었는가에 따라 이기고 지는가를 결정하는 경기였다. 유신은 공을 차다

> **축국**
> 예전에 장정들이 공을 땅에 떨어뜨리지 않고 차던 놀이.

가 일부러 김춘추의 옷을 밟아서 옷고름을 떼어 버렸다. 처음부터 유신은 춘추를 예사롭지 않은 사람이라 여기고 있었다.

"이거 미안해서 어쩌나?"

"괜찮아, 다시 달면 되지 뭐."

"그럼 우리 집으로 들어가서 달면 어떨까? 내 누이가 있으니 말이야."

"그럴까?"

춘추는 못이기는 척하면서 유신의 집으로 갔다. 평소에도 춘추는 유신의 누이들인 보희와 문희에게 관심이 있었던 것이다.

유신이 보희를 불렀다.

"보희야, 이 친구의 옷고름이 떨어졌는데 달아 주렴."

그러자 보희는 사양하면서 말했다.

"어찌 결혼하지 않은 여자가 외간外間 남자를 가까이 할 수가 있습니까?"

외간
친척이 아닌 남.

유신은 문희에게 같은 일을 시켰다.

"문희야, 그럼 네가 옷고름을 달아 주겠니?"

문희는 기다렸다는 듯이 춘추의 저고리를 받아 옷고름을 달아 주었다. 춘추는 옷고름을 다는 문희의 모습에 마음을 빼앗겼다.

'저 여자와 함께 산다면 얼마나 좋을까?'

춘추의 마음을 아는지 문희도 같은 생각을 하고 있었다.

'아! 저 남자와 한평생을 같이 한다면 얼마나 행복할까?'

춘추가 옷고름을 다는 문희의 모습을 물끄러미 쳐다보았다. 춘추의 눈을 의식한 듯이 문희는 고개를 들지 못하고 얼굴도 빨개졌다. 춘추가 용기를 내어 말했다.

"낭자, 오늘 저녁에 월성에서 만날 수 있을까요?"

문희는 말없이 고개를 끄덕였다.

그 후 춘추와 문희는 매일 만나 사랑을 키웠다. 얼마 후 문희는 아이까지 갖게 되었다. 유신은 문희가 아이를 밴 것을 알고 크게 꾸짖었다.

"네가 부모님께 알리지 않고 남자를 만나 아이를 배었으니 불효막심不孝莫甚한 일이다."

불효막심
부모에게 매우 효성스럽지 아니함.

유신은 문희를 꾸짖고는 소문을 내면서 그녀를 불태워 죽이려 하였다. 그리하여 선덕여왕이 남산에 놀러 갈 때를 기다려 마당 한가운데 나무를 쌓아놓고 불을 지폈다. 이윽고 연기가 피어올랐다.

남산을 걷고 있던 선덕여왕이 연기가 나는 곳을 바라보고 알천에게 물었다.

"웬 연기요?"

"아마 유신이 자기 누이를 불태워 죽이려는 것 같습니다."

선덕여왕은 사람을 불에 태워 죽인다는 소리를 듣고 노하여 그 까닭을 물었다.

"아니, 산 사람을 불에 태워 죽인다고? 무슨 이유로 그리한단 말이오?"

"그의 누이가 혼인도 하지 않고 아이를 가졌기 때문입니다."

"저런, 그 아이의 아비가 누구란 말이오?"

"저, 그러니까……."

때마침 그곳엔 춘추도 있었는데 얼굴빛이 하얗게 변했다. 춘추는 선덕여왕의 조카였다. 동생 천명의 아들이었기 때문이었다. 조카가 자신이 한 일에 대하여 책임을 지지 않는 것에 머리끝까지 화가 난 선덕여왕이 춘추에게 물었다.

"유신을 화나게 한 것이 정녕 그대인가?"

"………."

춘추는 말을 하지 못했다. 그러자 선덕여왕은 큰소리로 춘추를 다그쳤다.

"왜 말을 하지 못하는가?"

"황공하옵니다."

"어서 가거라. 가서 당장 혼인할 것이라고 유신에게 말하라."

"분부대로 하겠사옵니다."

춘추는 말을 유신의 집으로 몰았다.

"유신 공, 어서 멈추시오. 폐하께서 문희 낭자와 결혼하라는 명을 내리셨습니다."

"그 말이 정말입니까?"

"그렇소. 어서 문희 낭자를 내려오게 하시오."

결국 유신의 뜻대로 춘추와 문희는 결혼을 하였다.

| 신라시대 이야기 | 05

옛날 사람들은 어떤 스포츠를 즐겼나요?

현대인들에게는 스포츠가 일상생활이 되어 있습니다. 이제 신문이나 라디오, TV에서는 스포츠가 중요한 기사가 되었습니다. 그렇다면 옛날에는 어떤 스포츠를 즐겼을까요?

가장 오래된 스포츠로는 씨름을 들 수 있습니다. 씨름은 삼국시대 이래 국민들의 사랑을 받은 스포츠로 고구려 각저총角觝塚에 있는 '씨름도'를 보면 알 수 있습니다. 씨름도에 아라비아인으로 추정되는 외국인이 씨름을 하고 있는 모습으로 미루어 당시 씨름의 인기를 알게 해 줍니다. 고려시대에도 씨름은 유행되었으니, 충혜왕忠惠王은 보는 것도 즐기고 직접 씨름을 하기도 했다고 전해집니다. 조선시대의 세종대왕은 직접 씨름을 구경하거나, 씨름을 잘하는 사람에게는 상을 주기도 하였다고 합니다.

오늘날 인기 스포츠인 축구는 그 역사가 오래되었는데 옛날에는 축구를 축국이라고 했다 합니다. 《삼국유사》에 보면 '김유신과 김춘추가 함께 자기 집 앞에서 공을 차다가 춘추의 옷을 밟아 옷고름을 떼어 자기 누이와 결혼을 시키는' 내용에서 신라시대에 이미 축국을 했음을 알 수 있습니다. 이때의 경기는 두 기둥을 세우고 그 위에 망을 얹어놓고, 공을 높이 띄워 망 위에 얹는 것으로 승부를 가렸다고 합니다.

지난 2002년에는 우리나라에서 월드컵 축구대회가 열려 전 세계인들의 관심과 이

목을 끌기도 했습니다.

오늘날 농구나 배구처럼 인기를 끌었던 스포츠로는 격구擊毬가 있습니다. 여자들도 할 정도로 인기가 높았던 격구는 서양의 폴로(Polo)와 비슷한 종목입니다. 예종 11년(1116)에 임금이 지켜보는 가운데 부녀자들이 격구 시합을 했다는 기록도 있습니다. 조선시대에는 격구를 장치기라고 했으며, 세종대왕이 아버지 태종과 함께 장치기를 했다고 실록에 나와 있습니다. 장치기는 서양의 하키처럼 중앙선에서 심판이 공을 공중으로 던지면 공채로 땅에 떨어뜨리지 않고 자기편의 골문에 먼저 넘겨 승부를 겨루는 경기입니다.

큰 인기를 누리는 농구와 비슷한 종목으로는 포구抛球가 있었습니다. 두 기둥 위에 구멍 뚫린 판자를 얹고 그 구멍에 망을 얹어 늘어뜨린 후, 양편이 공을 던져 그 망 위에 담는 경기였습니다. 오늘날 치어리더가 춤을 추면서 농구팬들을 즐겁게 하는 것처럼, 포구를 할 때도 '포구악'이라는 음악을 연주하여 흥을 돋우었다고 합니다.

단체 종목 이외에 개인 종목도 있었습니다.

육상의 5종 경기와 비슷한 '물미장勿尾杖놀이'가 있습니다. 5종 경기는 한 선수가 하루에 한 종목씩 승마, 펜싱, 사격, 크로스컨트리를 겨루는 경기이며, 물미장은 등짐·봇짐장수인 보부상들의 경기였습니다. 이들은 자신들이 가지고 다니는 물미장이라 불리는 지팡이를 짚고 멀리뛰기와 높이뛰기를 겨루었기에 '물미장놀이'라고 합니다.

'장애물 육상 경기'로는 '중하重荷경주'가 있었습니다. 이것은 물장수들이 소속 회사별로 물짐을 지고서 물을 흘리지 않으면서 다른 사람들보다 빨리 달리기를 겨루는 경기였습니다.

우리나라의 대표적인 개인 경기로 인기가 있었던 것은 태권도입니다. 태권도는 택견이라고 불리기도 하는데 안악과 집안에 있는 고구려 고분 벽화에 택견 모습이 그려져 있는 것으로 미루어 택견의 역사는 삼국시대라는 것을 알 수 있습니다. 이후 고려시대에 무인정변이 일어났을 때 천민으로 정권을 잡았던 이의민李義旼은 택견 챔피언 출신이었다고 합니다. 조선시대에는 단종端宗 임금을 다시 세우려고 하자, 세조 임금이 택견을 기준으로 군사를 뽑아 이를 무찌르려고 했다 합니다. 그러므로 삼국시대 이래 국민들의 사랑을 받은 스포츠라고 할 수 있습니다.

기우제祈雨祭 성격을 지닌 스포츠도 있었습니다. 바로 경조競漕인데 오늘날 조정 경기와 비슷합니다. 이 경기는 김해 앞바다에서 비가 오기를 기원하는 뜻에서 다섯 가지 색으로 장식한 배를 타고 경기를 했다 합니다.

이밖에 오늘날 추석이나 설날에 행하는 그네나 널뛰기도 스포츠의 일종으로, 그네는 굴러서 보다 높이 날기를 겨루며, 널뛰기는 반동으로 보다 높이 오르기를 겨루는 경기입니다. 또한 초등학교의 운동회에서 즐겨 하는 줄다리기도 전통 스포츠로써 인원수를 제한해 잡아당기는 경기입니다.

각저총 만주 지안 현(集安縣) 퉁거우(通溝)에 있는 고구려 때의 흙무덤. 묘실 벽에는 각저도가 있다. 고구려 때의 민속·음악 등을 연구하는 데 귀중한 자료이다.

충혜왕 고려 제28대 왕(1315~1344). 이름은 정(禎). 원나라에서 귀국하여 왕위에 올랐으나 폐위되었다가 부왕의 죽음으로 복위하였다. 황음(荒淫)이 심하고 정사를 제대로 돌보지 못하여 원나라로 귀양 가다가 병으로 죽었다. 재위 1330~1332, 1339~1344년.

격구 옛날 젊은 무관이나 민간의 상류층 청년들이 말을 타거나 걸어 다니면서 공채로 공을 치던 무예. 또는 그런 운동. 페르시아에서 시작하여 당나라를 거쳐 7세기경 우리나라에 들어왔다. 고려·조선시대에는 무예의 한 과목으로 인정하여 크게 성행하였고 여자들도 했다고 전한다.

이의민 고려 명종 때의 무신(?~1196). 천민 출신으로 1170년 정중부의 난에 가담하여 공을 세웠으며, 경대승이 죽은 후, 권력을 잡아 13년 동안 독재하다 최충헌에게 살해되었다.

단종 조선 제6대 왕(1441~1457). 12세에 왕위에 올랐으나, 숙부인 수양 대군에게 왕위를 빼앗겨 강원도 영월에 유배되었다가 죽임을 당하였다. 죽은 지 241년 뒤인 숙종 24년(1698)에 왕위를 추복(追復)하여 묘호를 단종이라고 하였다. 재위 1452~1455년.

기우제 고려·조선시대에 하지(夏至)가 지나도록 비가 오지 않을 때에 비 오기를 빌던 제사. 나라에서나 각 고을 또는 각 마을에서 행하였는데, 제사의 주관은 왕 또는 지방 관원이나 마을의 장이 맡았다.

6. 백성들을 위하는 정치를 하다

선덕여왕은 임금에 오르자 백성들의 생활을 살피기 위하여 자주 미행微行을 나섰다. 그럴 때마다 옆에는 김유신과 김춘추가 따랐다.

"폐하, 오늘 성 밖으로 미행을 나가시면 어떠하시겠습니까?"

"그럽시다."

세 사람은 남문 밖 백성들의 생활을 알아보기 위하여 나란히 나섰다. 농부들은 저마다 농사를 짓기 위하여 바삐 움직이고 있었다. 이때 한 어린아이가 다 찌그러진 그릇을 들고 선덕여왕의 앞길을 막았다.

"도와주세요. 제발 도와주세요."

어린아이가 길을 막자 김춘추가 아이를 뒤로 물러나게 하려고 나섰다.

> **미행**
> 그 신분을 알리지 않고 사적으로 백성들의 살림을 살피는 일.

"아니오. 아이에게 물어볼 것이 있으니 그냥 두시오."

선덕여왕이 김춘추를 말렸다.

"애야, 부모님은 어디 계시기에 혼자 이러고 다니는 게냐?"

"어머니는 아파서 누워 계시고, 아버지는……."

"아버지는?"

아이는 말끝을 흐렸다.

"무슨 일 때문에 말을 하지 못하는 것이냐? 어서 말해 보아라."

"세금을 늦게 냈다고 감옥에 갇혔어요. 흑흑흑!"

"세금을 늦게 냈다고?"

선덕여왕은 아이를 앞세우고 사는 곳을 찾아갔다. 다 쓰러져가는 초가집이었다. 아이의 말대로 어머니는 방 안에 누워 있고, 콧물을 흘리는 서너 살 되어 보이는 아이가 어머니 곁에 앉아 있었다. 선덕여왕은 마음이 아팠다. 백성들이 이렇게 힘들게 사는 것이 모두 자신의 잘못인 듯 느껴졌다. 그리하여 궁궐로 돌아오자마자 아이의 집으로 곡식과 옷을 보내 주었다.

다음 날 선덕여왕은 관리들을 불러들였다.

"억울한 일로 갇혔거나 가벼운 죄로 감옥에 갇혀 있는 사람들을 모두 풀어 주도록 하시오."

선덕여왕의 명령에 관리들은 반대하였다.

"폐하, 죄수를 풀어 주면 사회가 어지러울 것입니다. 어명을 거두어 주십시오."

"죄를 지은 사람은 감옥에 가두어 그 죗값을 치르게 해야 합니

다. 그래야만 다시는 죄를 짓지 않을 것입니다. 통촉하시옵소서!"

"경들의 말도 모두 맞는 말이오. 하지만 억울한 누명을 썼거나 가벼운 죄로 감옥에 갇혀 있는 사람도 있을 것이오. 이들을 용서하면 다시는 그러한 나쁜 짓을 하지 않을 것이며, 또 일을 해야 가족들을 먹여 살리지 않겠소? 신라 백성들이 모두 한 마음으로 힘을 합쳐야 고구려와 백제의 침입도 막을 수가 있을 것이오."

관리들은 선덕여왕의 말에 고개를 끄덕였다.

"성은이 망극하옵니다!"

풀려난 죄수들과 그 가족들도 한마음이 되어 선덕여왕을 칭송하였다.

백제와 고구려의 공격으로 늘 불안해하던 신라 백성들은 차츰 선덕여왕에게 충성을 다하겠다는 마음으로 일치되고 있었다. 안으로는 정치가 안정되고 있었지만 선덕여왕은 걱정이 쌓여갔다. 씨앗을 뿌리는 때에 가뭄이 들어 논밭이 거북의 등처럼 쩍쩍 갈라지는가 하면, 추수철에는 큰 홍수가 나 가을걷이를 얼마 남겨두지 않은 들판을 휩쓸었다. 뿐만 아니라 혜성이 나타나는 등 천재지변天災地變이 끊이지 않았다. 때문에 끼니를 챙겨 먹지 못하는 농민들의 원망이 높았다.

선덕여왕은 백성들의 걱정을 조금이라도 덜어 주기 위해 갖가지 노력을 다했다.

"다른 지역보다 특히 굶주림이 심한 북부 지방의 백성들에게는 관아에서 곡식을 나누어 주시오."

그러나 이 같은 명령은 어디까지 임시방편臨時方便일 뿐이라는 것을 선덕여왕은 잘 알고 있었다. 비가 알맞게 와야만 해결될 수 있는 문제였다. 그래서 자신의 덕이 부족한 게 아닐까 하는 생각으로 몹시 괴로웠다. 음식을 먹어도 맛을 느끼지 못했으며, 근심으로 꼬박 밤을 새우는 날이 많아졌다. 선덕여왕의 얼굴은 눈에 띄게 핼쑥해졌다.

이때 사촌동생인 승만(후에 진덕여왕이 됨)이 선덕여왕을 찾았다.

"폐하의 용안龍顔이 너무 야위셨습니다. 날씨가 너무 가물어서 걱정이 많으시지요?"

승만의 얼굴 또한 선덕여왕 못지않게 걱정스러워 보였다.

"짐이 왕위에 오른 뒤로는 천재지변이 계속되어 농사짓는 백성

천재지변
지진, 홍수, 태풍 등의 자연 현상으로 인한 재앙

임시방편
갑자기 터진 일을 우선 간단하게 둘러맞추어 처리함.

용안
임금의 얼굴을 높여 부르는 말.

들의 걱정이 끊이지 않고 있구나. 이것은 왕위를 물려받은 짐이 덕이 없기 때문인 것 같다."

그러자 승만은 아니라는 듯 손을 내저으며 말했다.

"그렇지 않사옵니다. 폐하께서 얼마나 백성을 걱정하고 사랑하는지는 하늘도 알 것입니다. 여러 가지 방법을 찾아야 하지 않겠습니까?"

승만의 말을 듣고 선덕여왕은 깊은 한숨을 쉬며 말했다.

"그래서 짐도 생각을 해 보았는데, 짐이 직접 기우제를 지내면 어떨까 하는데……."

승만은 고개를 끄덕였다.

"그렇게 하시는 것이 백성들의 마음도 어루만지는 것이니 좋을 듯합니다. 우리 민족은 예로부터 비가 오지 않을 때에는 기우제를 지내왔사옵니다. 각 마을을 대표하는 사람이 지내기도 하고, 무당이 지내는 경우도 있었사옵니다. 폐하께서 직접 기우제를 지낸다고 하면 하늘도 감동할 것입니다."

승만은 공손히 절을 하고 방을 물러나왔다. 그리고 그 즉시 신하들에게 말했다.

"기우제를 지낼 것이오. 도성都城의 사대문을 돌며 비가 오기를 하늘에 기원할 것이니, 그에 따른 준비를 하시오."

선덕여왕은 관리들을 한번 휘둘러본 다음 말을 이었다.

"가난한 백성들을 잘 살피어 혹시라도 굶는 백성이 없도록 하시오. 또한 억울하게 벌을 받는 백성이 없는지도 잘 살피시오. 그들

> **도성**
> 임금이나 황제가 있던 도읍지가 성으로 이루어져 있다는 데에서 '서울'을 이르던 말.

의 원망이 하늘에 닿아 이렇게 비가 내리지 않는지 근심스럽소. 그리고 각 지방 관찰사들에게 명령을 내려 특히 가난한 백성들을 잘 돌보게 하시오. 백성들이 나라를 원망하는 일이 있어서는 안 될 것이오."

"그렇게 하겠사옵니다."

관리들이 일제히 고개를 숙였다. 선덕여왕의 명령은 계속 이어졌다.

"그리고 수라상水喇床에 올라오는 반찬의 가짓수를 줄이시오. 백성들의 고생이 심한데 나만 좋은 반찬을 먹을 수는 없소."

선덕여왕은 이토록 비가 오래도록 오지 않는 것이 자신에게 덕이 없어 하늘이 노한 탓은 아닐까 염려스러웠다. 이 같은 명령으로 끼니를 굶으며 고생을 하는 백성들은 줄어들었다. 하지만 그것은 일시적인 방편方便일 뿐이었다. 농민들의 고통이 해결되기 위해서는 우선 비가 와야 했다. 비가 와서 마른 논을 적셔 주어야지만 논과 밭에 씨앗을 뿌릴 수 있었다.

선덕여왕은 정성스러운 마음으로 며칠 동안 기우제를 지냈다. 기우제를 지내는 동안에는 거의 쉬지 않았다. 얼마나 열심히 비를 기원했는지 선덕여왕의 마음은 갈라진 논바닥보다 훨씬 더 갈라졌다. 그리하여 볼은 옴폭 들어갔으며, 얼굴에는 윤기가 없었다. 도성의 사대문을 돌면서 기우제를 지낸 뒤 곧 화백회의를 소집하였다.

"원래 화백회의에는 짐이 참석할 수 없는 것이나 중요한 문제를 논의하기 위해 이렇게 모이시라고 했습니다."

수라상
궁중에서, 임금에게 올리는 밥상을 높여 이르던 말.

방편
그때그때의 경우에 따라 편하고 쉽게 이용하는 수단과 방법.

귀족 대표들은 모두 긴장한 표정이었다.

"우리나라는 농사가 주된 산업입니다. 그런데 반복되는 가뭄과 홍수로 농사를 짓기에 많은 어려움이 있습니다. 그래서 이것을 해결하기 위한 좋은 의견을 듣기 위해 여기에 참석하였습니다. 무슨 의견들이 없으신지요?"

"폐하, 홍수와 가뭄은 하늘의 뜻이옵니다. 어찌 그것을 막을 수가 있겠습니까?"

"아닙니다. 백성들을 위하여 우리가 할 수 있는 일이면 해 보아야지요."

선덕여왕의 말에 귀족과 관리들은 모두 대답이 없었다. 미처 생각해 본 일이 없는 일이었기 때문이었다.

"이것은 짐의 생각입니다만 천문대天文臺를 세우는 것이 어떨까요?"

천문대
천문 현상을 관측하고 연구하기 위하여 설치한 시설. 또는 그런 기관.

"천문대를요?"

"천문대를 세워서 하늘을 관측한 뒤 농민들에게 미리 날씨를 알려 주면 농사를 짓는데 도움이 되지 않을까요?"

"그것이 하늘의 뜻을 거역하는 것은 아닐는지 두렵사옵니다."

"하늘의 뜻을 거역하면 분명 벌을 받을 것입니다."

관리들이 반대하자 선덕여왕이 손을 흔들며 말했다.

"백성을 위해서 하는 일인데 하늘이 왜 벌을 내리겠습니까? 말도 안 됩니다. 그리고 백성들이 쉽게 천문대임을 알 수 있도록 설계를 하면 더욱 좋겠지요."

귀족과 관리들은 여왕의 혜안에 다시금 놀라는 눈치였다. 선덕여왕의 말은 계속되었다.

"짐이 이미 이름도 지었소이다. 첨성대瞻星臺입니다. 별을 쳐다보며 관측하는 곳이란 뜻이지요."

"어디에 지으시려고 하십니까?"

"벌판이라야 관측이 용이할 것 같다는 생각입니다. 그리고 이 일을 이찬 석오원에게 시키려고 하는데, 그대들의 뜻은 어떠하오?"

"이찬 석오원이라면 폐하의 뜻을 받들어 천문대를 완성할 것이옵니다."

석오원은 신라 왕족인 박씨, 석씨, 김씨 중의 한 성씨를 이루는 집안으로 신라 4대 임금인 석탈해의 16대손이다. 신라의 탈해왕은 다파나국(탐라국, 오늘날의 제주도)의 왕과 여인국女人國의 왕녀 사이에서 태어나 궤짝에 넣어 버려졌다. 궤짝은 바다를 떠돌다가 한 바닷가에 닿게 되었다. 마침 그곳에는 아진의선이라는 할머니가 살고 있었다. 할머니는 아침밥을 짓다가 까치가 우는 것을 보고 중얼거렸다.

"오늘 까치가 우리 집에서 우는 것을 보니 좋은 소식이 오려나 보군."

할머니가 문을 열고 나가니 집 앞 모래사장에 궤짝이 하나 놓여 있었다.

"저건 뭐지?"

할머니는 가까이 다가가 조심스럽게 궤짝을 열어 보았다. 그 안

여인국
여자들만 산다는 전설의 나라. 부상국(扶桑國) 동쪽에 있다고 한다.

에는 아기가 눈을 깜박거리며 누워 있었다.

"아니, 이게 대체 어찌된 일이지? 아이가 어찌 궤짝 속에 있단 말이야?"

할머니는 얼른 아이를 안아 방으로 들어갔다.

아이는 할머니의 정성으로 무럭무럭 잘 자랐다.

"아이의 성과 이름을 지어야 하는데 뭐가 좋을까?"

할머니는 생각에 잠겼다.

"그래, 까치 때문에 얻은 아이이니 까치 '작鵲' 자의 한 쪽을 떼어서 성을 '석昔'이라 하고, 알을 깨뜨리고 나왔으니 이름을 '탈해脫解'라고 하자. 잘 자라서 계림을 이끄는 대장부가 되어야 해."

할머니의 뜻대로 석탈해는 건강하게 자랐다.

탈해는 어른이 되어 자기가 살 집터를 찾아다녔다. 그러던 중 멀리 경주 벌판에 반달처럼 생긴 언덕이 눈에 들어와 가서 보니 이미 호공이라는 사람이 살고 있었다. 이에 탈해는 그날 밤 호공의 집 둘레에 쇠와 숯부스러기를 묻었다. 그리고 몇 달이 지난 뒤에 호공을 찾아가 말했다.

"이 집터는 우리 조상들이 살던 곳인데 어찌 어르신네가 살고 계십니까? 이제 주인이 왔으니 돌려주십시오."

그러자 호공은 깜짝 놀라며 말했다.

"아니 그게 무슨 소리요? 이곳에 내가 산 지가 얼마나 오래되었는데!"

석탈해와 호공은 서로 자신들의 뜻을 굽히지 않았다.

"그럼 우리 관가로 가서 물어봅시다."

"그럽시다."

두 사람은 서로 자신 있다는 듯이 관가로 갔다.

재판이 열리고 성주가 탈해에게 물었다.

"무엇으로써 이곳이 너의 집터임을 증명하겠느냐?"

이에 탈해가 답하였다.

"우리 조상은 본래 대장장이였는데 잠시 이웃 고을에 나간 동안 다른 사람이 빼앗아 살고 있으니 땅을 파서 조사해 주시지요?"

성주는 탈해의 말대로 호공의 집터를 파보게 하였다. 과연 숫돌과 숯 부스러기가 나왔다.

"이 집은 석탈해의 것이 맞도다. 호공은 집을 비워 주라."

성주가 판결을 내렸다. 성주의 판결에 따라 석탈해는 그 집을 빼앗아 살게 되었다고 한다. 이때 신라의 2대왕인 남해왕南解王은 탈해가 매우 지혜로운 사람임을 알고 맏공주의 남편을 삼게 하니, 이 여인이 아니 부인阿尼夫人이다.

남해왕이 세상을 떠나자 태자인 유리와 맏사위인 탈해가 임금 자리를 서로 양보하려고 하였다. 그러자 유리가 말했다.

"이러지 말고 나이를 비교하여 나이가 많은 사람을 임금으로 하는 것은 어떨까요?"

"그럽시다."

"어떻게 나이를 비교할까요?"

"나이가 많으면 이의 갯수가 많을 것이 아닙니까?"

남해왕
신라의 제2대 왕(?~24). 박혁거세의 맏아들로, 시조의 능을 짓고 석탈해를 사위로 맞아 대보(大輔)로 삼고 정사를 맡겼다. 재위 4~24년.

"그렇지요."

두 사람은 떡을 입으로 깨물었다. 깨물고 난 떡에 표시된 이의 자국을 세어 보니 유리가 많았다.

"그럼 이번에는 내가 임금이 되고, 다음에는 그대가 임금이 되어야 합니다."

"알겠습니다."

그리하여 석탈해는 신라의 성골 귀족 중 3대 성이 될 수 있었던 것이고, 유리왕의 뒤를 이어 4대왕으로 즉위하게 되었던 것이다.

석오원은 그런 석탈해의 후손이었으므로 백성들의 존경을 받고 있었다.

"그리고 천문대임을 나타내는 상징물을 지으려고 합니다. 우리 백성들에게 신라의 천문 과학 기술이 발달했음을 널리 알리고 싶습니다."

"백성들이 폐하의 성은에 감사할 것입니다."

"그래서 첨성대를 만드는데 있어, 일 년을 나타내기 위하여 벽돌을 삼백육십 개 정도 사용할 것이며, 한 달을 나타내기 위해서 높이를 이십칠 단으로 쌓으려고 합니다. 그리고 중간에 창문을 두 개 정도 만들고 그것을 중심으로 양쪽으로 열두 단씩 쌓을 것입니다. 열두 단은 곧 일 년을 나타내는 것이며, 창문을 중심으로 위 아래를 합치면 스물네 개인데, 이는 24절기를 나타내는 것이지요. 이찬 석오원은 이 점을 생각하시고 우리 신라 백성들이 모두 좋아할 멋진 건축물을 만들어 주시오."

귀족과 관리들은 선덕여왕의 계획에 입을 다물 수 없었다. 또한 여왕의 치밀함에 다시 한번 놀라면서 여왕의 명령에 따르기로 하였다.

석오원은 화강석을 가공하여 조성한 기단 위에 이십칠 단의 석단을 원통형의 곡선으로 쌓아 올리고, 그 위에 장대석을 우물정 자형으로 축조하여 정상부에서 하늘을 살피도록 만들었다.

정남쪽의 석단에는 아래로부터 제13단과 15단 사이에 네모난 출입구가 있어 내부로 들어갈 수 있게 되어 있고, 출입구 아랫부분 양쪽에는 사다리를 걸쳐 오르내리도록 되어 있다. 이곳을 통해 꼭대기까지 올라가 하늘을 관찰하였던 것이다. 규모는 밑면의 지름이 5.17 미터, 높이가 9.4 미터이며 지대석 한 면의 길이는 5.35 미터이다. 그리고 아름다운 모양과 안정감을 나타내기 위하여 직선과 곡선이 잘 어우러지게 만들었다.

첨성대가 완성되자 선덕여왕이 찾아왔다.

"석오원 이찬, 아주 훌륭하게 만들었군요. 이제 홍수나 가뭄을 미리 예측할 수 있으니 백성들이 훨씬 편안하게 살 수 있을 것이오."

"황공하옵니다."

석오원을 비롯한 관리들은 선덕여왕의 백성에 대한 끊임없는 사랑에 고개를 숙였다.

| 신라시대 이야기 | 06

옛날에도 기상 천문대가 있었나요?

    오늘날에는 기상 위성 사진을 분석하여 날씨 예보를 하고 있습니다.
    옛날에는 인간의 일상생활이 날씨에 의해 크게 좌우되었으므로 지금보다 더 깊은 관심을 가지고 있었다고 할 수 있습니다. 옛날 사람들은 하느님의 뜻에 따라 날씨가 변화한다고 생각했으며, 불순한 날씨로 인한 재해를 하느님이 내린 벌, 곧 천재지변이라고 여겼습니다. 그러므로 이러한 천재지변을 피하려면 하느님께 기도를 드리는 수밖에 없다고 믿어 기우제나 기청제祈請祭를 지냈습니다.
    그러면 옛날에는 어떤 방법으로 날씨를 예측했을까요?
    우리나라에서 날씨에 관한 정보는 이미 신라시대부터 있었습니다. 즉 첨성대라는 천체 관측 기구를 통하여 날씨를 관측했던 것입니다.
    그러나 한때 세간에서는 이 첨성대를 천문대니, 제사를 지내기 위한 제단이니 하여 논란이 있었습니다. 아직도 첨성대를 제단이라고 주장하는 사람들은, 삼한시대의 소도에 설치된 것이라든가, 아니면 불교의 수미산을 본떠 만든 것이라고 주장을 하고 있습니다. 그러나 첨성대의 구조를 보면 이러한 주장을 반박할 만한 충분한 근거를 찾을 수 있습니다.

　첨성대의 몸체는 27단으로 되었는데, 맨 위에 마감한 정자석井字石을 합치면 28, 즉 기본 별자리수를 뜻합니다. 여기에 기단석을 합치면 29로 한 달의 길이가 됩니다. 몸쪽 남쪽 중앙에는 네모난 창이 있는데, 그 위로 12단, 아래로 12단이니 이는 일 년 열두 달과 하루 12시간(십이간지 시간)을 가리킵니다. 또한 이를 합치면 24단으로 24절기를 가리키는 것으로 볼 수 있습니다. 그리고 첨성대를 만들 때 사용한 돌의 수는 약 360여 개로 1년의 날 수가 됩니다. 그러므로 첨성대는 기상대의 역할을 하던 곳으로 생각할 수 있습니다.

　첨성대와 같이 날씨와 천문을 관측하기 위한 일을 주관하는 관청은 고려시대와 조선시대 초기까지는 서운관書雲觀이라 칭했으며, 세종 7년(1425)에 관상감觀象監으로 개칭하여, 천문·역법·측우·날씨 관측의 일을 맡아 보게 하였습니다.

　그러나 오늘날처럼 대중매체가 발달되지 않은 옛날에 서민들은 자연 현상에 의존해 날씨를 예측하는 수밖에 달리 방법이 없었습니다.

우리 조상들은 '개구리가 울면 비가 온다.', '개구리가 처마밑으로 들어오면 장마가 진다.'는 속설처럼 개구리의 행동을 통해 날씨를 예측했습니다. 그러므로 개구리는 우리 조상의 기상 예보자 구실을 한 것입니다. 개구리가 높은 가지에 오르면 비가 올 것을 알고, 해가 떨어지자마자 그 울음소리를 멈추면 이튿날 서리가 내릴 것을 알았다고 합니다. 또한 저녁에 개구리 울음소리가 빨리 멎을수록 그 멎는 속도에 따라 기온이 내려갈 것을 예상했으며, 깊은 동면을 준비하면 추운 겨울을, 얕은 동면을 준비하면 포근한 겨울을 예상했습니다. 이 외에 달무리가 지는 것이나 미친 사람이 난동부리는 모습을 보고 비가 내릴 것이라고 믿기도 했습니다. 또한 무 껍질이 두꺼우면 겨울이 춥다고 생각했습니다.

한편 국가 기밀에 속하는 것으로 역학易學으로 천기天氣를 보는 방법이 있었는데, 그 자세한 내용은 전해지지 않습니다. 지금도 역학자 중에는 주역으로 천기를 계산하는 사람이 있다고 합니다.

기청제 옛날에 입추(立秋)가 지나도록 장마가 계속될 때에 나라에서 날이 개기를 빌던 제사.
역학 주역의 괘(卦)를 해석하여 음양 변화의 원리와 이치를 연구하는 학문.
천기 하늘에 나타난 조짐.

7. 선덕여왕을 사랑한 지귀

　선덕여왕이 미행을 가거나 절을 찾을 때마다 그림자처럼 따라다니는 사람이 있었다. 옷차림이 남루한 것으로 보아 귀족 출신은 아닌 듯하였다. 그는 바로 지귀志鬼라는 인물로 활리역 사람이었다. 서라벌에 나왔다가 우연히 지나가는 선덕여왕을 보게 되었다. 그런데 여왕의 모습이 어찌나 아름다운지 그는 단번에 여왕을 사랑하게 되었다. 지귀는 밤에는 잠을 자는 것도 잊고, 밥을 먹을 생각도 하지 않고 정신 나간 사람처럼 소리쳤다.
　"여왕 폐하! 이 세상에서 가장 아름다운 여왕 폐하시여! 여왕 폐하는 오직 나의 사랑입니다."
　지귀는 미친 듯이 큰소리로 선덕여왕을 불렀다. 그런 모습을 본 서라벌의 백성들은 지귀가 미쳤다고 생각했다. 거리를 뛰어다니며 외치는 지귀의 목소리에 관리들은 걱정이었다.

"폐하께서 저 소리를 들으신다면 우리가 처벌을 받는 것이 아닐까요?"

"그렇소. 어서 저놈을 잡아 말을 하지 못하도록 엄하게 처벌을 해야지요."

관리들은 지귀가 나타나면 바로 연락하라는 방을 붙였다.

서라벌 백성들에게 알립니다.
지귀를 보거든 얼른 관아로 연락을 주시기 바랍니다.
그 사람은 미친 사람이니
그 사람이 떠드는 소리를 믿지 마십시오.

방이 붙은지도 모르고 지귀는 서라벌을 누비고 다녔다.
어느 날 한 사람이 급히 관아로 뛰어 들어와 말했다.
"지금 지귀가 나타났소. 어서 그를 잡아 벌을 주시오."
"어디에 있소?"
"지금 남문 저잣거리(시장)에 나와 미친 듯이 소리치고 있소."
관리들은 지귀를 잡으러 남문 저잣거리로 갔다. 지귀는 관리들이 온 줄도 모르고 계속 떠들어 댔다.

저잣거리
가게가 죽 늘어서 있는 거리.

"아름다운 여왕 폐하시여! 저에게 손을 내밀어 주십시오."
지귀가 떠들자 관리가 명령했다.
"어서 저자를 잡아라."
관리의 명령을 받은 포졸들이 지귀를 잡았다.

관아로 끌려온 지귀는 관리에게 소리쳤다.
"왜 나를 잡아왔느냐? 여왕 폐하께서 지켜보고 계신다."
관리는 포졸들에게 명령했다.
"저놈을 마구 쳐라!"
명령을 받은 포졸이 지귀에게 매질을 하였다. 그러나 지귀의 외침은 끝나지 않았다.
"나를 여왕 폐하께 데려다 주시오."
관리는 지귀가 지껄이는 소리를 여왕이 들을까 봐 걱정이었다.
"저놈을 남문 밖으로 쫓아 버려라. 지귀야, 들거라. 목숨이 아깝거든 다시는 서라벌에 발을 들여놓지 마라."
관리의 명령을 받은 포졸들이 지귀를 끌고 가서 남문 밖에서 놓아 주었다.
"다시는 서라벌로 들어올 생각을 마라."

어느 날 선덕여왕은 신라의 태평을 빌기 위하여 영묘사로 길을 나섰다. 선덕여왕의 행차에 많은 관리와 귀족들이 함께 하였다. 선덕여왕의 행차를 어떻게 알았는지 어김없이 지귀의 목소리가 들려왔다.
"나의 사랑, 여왕 폐하시여!"
관리들은 선덕여왕이 들을까 봐 얼른 지귀를 잡았다. 그러자 지귀는 더욱 크게 외쳐댔다.
"여왕 폐하시여, 저를 보아 주시옵소서!"

선덕여왕은 주위가 어수선한 것을 보고 따르는 알천을 향해 물었다.

"대체 무슨 일이 있기에 저리 소란스럽소?"

알천은 머뭇거리며 대답을 하지 못했다.

"이보시오, 알천! 무슨 일이냐고 묻지 않소?"

"정신이 나간 어떤 사람이 폐하를 뵙겠다고 하여 잡아들였사옵니다."

"나를 만나자고 하는 사람을 왜 잡아들였소?"

"아뢰옵기 황송합니다만, 정신이 나간 사람입니다."

"정신이 나간 사람이라고? 그런데 왜 나를 보겠다는 것이오? 그 자를 이리 데려 오시오."

곧 지귀가 임금 앞으로 끌려왔다.

"얼굴을 들라."

지귀는 선덕여왕의 말에 따라 얼굴을 들었다.

"폐하!"

지귀는 뒷말을 잇지 못했다.

"할 말이 있는 모양인데 무슨 말이더냐?"

"………."

"지금 영묘사로 가는 길이니 말을 하고 싶을 때까지 계속 나를 따르도록 하라."

"성은이 망극하옵니다."

지귀에게 자기를 따라오도록 말한 다음, 영묘사를 향하여 발걸음을 옮겼다.

　영묘사로 가는 동안 지귀는 좋아서 어쩔 줄을 몰랐다. 덩실덩실 춤을 추면서 선덕여왕의 뒤를 따랐다. 영묘사의 대웅전 앞에 이르자 선덕여왕이 지귀에게 말했다.

　"함께 부처님께 기도를 올리겠느냐?"

　"………."

　역시 지귀가 대답을 하지 않자 선덕여왕이 말했다.

　"그럼 이 탑 앞에서 기다리라."

　지귀는 머리를 조아리는 것으로 대답을 대신했다.

　선덕여왕이 대웅전에서 나라의 태평성대太平聖代를 기원하는 기도를 올리는 동안 지귀는 탑 앞에 앉아 있었다. 지귀는 대웅전에서 기도를 마치고 선덕여왕이 나오기를 기다렸다. 그러나 선덕여왕은 고구려와 백제의 침입을 물리치고, 진골 귀족들의 반발을 무마시키기 위한 기도에 열중하느라 시간가는 줄을 몰랐다. 지귀가 대웅전 탑에서 기다린다는 사실도 까맣게 잊어버리고 있었다. 따뜻한 햇살을 받자 지귀는 졸음이 몰려왔다. 그래서 그만 잠이 들고 말았다.

　선덕여왕은 기도를 마치고 대웅전을 나오다가 탑 아래에서 잠을 자고 있는 지귀를 발견했다.

　"아차, 이 사람을 내가 잊고 있었네."

　선덕여왕은 지귀에게 미안한 생각이 들었다.

　"무엇으로 나를 기다린 보답을 해 줄까?"

　곰곰이 생각하던 선덕여왕은 자신의 팔찌에 눈이 갔다.

> **태평성대**
> 어진 임금이 잘 다스리어 태평한 세상이나 시대.

그래서 선덕여왕은 금팔찌를 손목에서 빼내어 지귀의 가슴 위에 올려놓은 다음 궁궐로 발길을 옮겼다.

선덕여왕이 떠난 뒤 한참 후에야 지귀는 잠에서 깨어났다. 잠에서 깨어난 지귀는 깜짝 놀랐다. 자신의 가슴에 놓여 있는 금팔찌를 본 것이었다.

"이것은 분명 여왕 폐하의 것인데……. 내가 그만 잠들어 폐하를 보지 못했어. 하지만 폐하의 사랑을 증명할 수 있는 것이야."

지귀는 기쁨에 겨워서 덩실덩실 춤을 추었다. 그러자 지귀의 가슴 속에서 불꽃이 이는 듯하더니 이내 온몸이 불길에 휩싸였다. 불길은 곧 선덕여왕이 지나간 탑과 대웅전을 제외한 지역으로 옮겨 갔다. 오직 선덕여왕이 지나간 곳만 지귀의 불길이 미치지 않았다. 이 광경을 본 신라 백성들은 입을 모아 말했다.

"지귀의 사랑이 불길로 변하고 말았어. 불길은 오직 여왕만이 막을 수가 있어."

"사랑의 힘은 정말 어마어마한 거야."

"맞아. 어서 폐하께서 온 나라를 행차하시면서 지귀의 불길을 막아야 해."

백성들의 뜻에 따라 이윽고 선덕여왕은 서라벌 곳곳을 돌았다. 그러자 지귀의 불길도 이내 사그라졌다. 신라는 다시 평온을 되찾았다.

 | 신라시대 이야기 | 07

옛날에는 어떤 장신구를 착용했을까요?

　우리 조상들이 쓰던 장신구로는 머리 장식품, 귀걸이, 팔찌, 반지, 리본, 단추, 깃털 장식 등이 있습니다.
　머리 장식품은 길어서 거추장스러워진 머리를 고정시키는데 쓰이면서 발달했다고 추측됩니다. 정조 때 나온 책인 《증보문헌비고增補文獻備考》에 '단군이 백성들에게 머리털을 고정시키는 방법을 가르쳤다.'는 기록이 있는 것으로 보아 머리 장식품을 사용한 것은 상당히 오래되었다고 할 수 있습니다.
　삼국시대에는 성인 남자는 대개 상투를 틀었으며, 여자는 얹은머리, 쪽 찐 머리 등 다양한 머리 모양을 할 수 있었습니다. 이때 머리를 고정시키기 위하여 비녀를 사용했습니다.
　부녀자의 머리 모양은 고려시대까지 별로 변하지 않아 고려 여인들도 머리에 비녀를 사용했습니다. 그러나 비녀는 단순히 머리를 고정시키는 기능만 있었던 게 아니라 장식품으로써의 역할도 하게 되었습니다. 만드는 재료가 다양해지고 모양도 화려해져 공예미술을 대표하는 장신구가 되었습니다. 그러자 조선시대에 접어들면서 사치를 금하고자 사치스러운 비녀를 사용하지 못하게 명령이 내려지기도 했습니다. 비녀의 종류로는 금비녀, 은비녀, 옥비녀, 나무비녀, 대나무 비녀 등 매우 다양합니다.

이 밖에 머리를 장식하는 것으로 불두잠佛頭簪이 있었는데, 쪽을 조이는 역할을 했습니다. 또한 뒷머리에 첨尖, 가리마, 귀이개, 뒤꽂이를 덧꽂았으며, 화관花冠이나 족두리로 멋을 부리기도 했습니다.

목에 거는 장식품인 목걸이는 신석기시대부터 사용되었으므로 그 역사가 매우 오래되었습니다. 짐승의 어금니를 비롯해 조개껍데기나 아름다운 돌에 구멍을 뚫은 다음 줄에 꿰어 목걸이를 만들었습니다.

청동기시대에는 부여 연화리, 대전 괴정동의 청동기시대 유적지에서 옥 목걸이가 출토된 것으로 미루어 옥으로 만든 목걸이를 만들어 사용했음을 알 수 있습니다.

그러나 통일신라 이후에는 목걸이를 거의 사용하지 않았으며, 근대 이후 서양 복식이 들어오면서 다시 목걸이가 유행하기 시작했습니다.

손가락에 끼는 반지도 우리 조상들이 많이 사용하던 장신구였습니다. 보통 하나만 끼는 것을 반지, 쌍으로 끼는 것은 가락지라고 합니다. 금, 은, 동이나 옥이 반지의 주재료였습니다.

반지는 초기 철기시대에 조개껍데기로 만들어 사용하였으므로 그 역사가 매우 길다고 할 수 있습니다. 또한 신라시대에는 반지를 끼는 게 유행이었다고 합니다.

귓불에 다는 귀걸이도 중요한 장신구였습니다. 우리나라에서는 삼국시대의 것이 현재까지 내려오는 귀걸이 유물로 가장 오래된 것입니다. 재료로는 금이나 옥이 많이 쓰였습니다. 특히 신라에서는 여성뿐만 아니라 남성도 귀걸이를 착용했다고 합니다.

이 밖에 장수長壽, 부부화합, 부귀다남富貴多男, 액막이 등을 의미하는 것으로 노리개가 있고, 향료를 담아두는 향낭香囊이 있습니다.

여자들의 몸치레로 차던 노리개는 금·은·옥 등으로 된 공예 조형물에 띠돈·매듭·술·끈목 등을 엮어 만든 것입니다. 주체인 공예 조형물의 재료로 백옥·비취·밀화·홍옥·자마노·산호·수정·진주 등이 쓰였는데, 동자·신선 등 인물을 본뜬 모양, 가지·포도·호두·고추 등의 식물을 본뜬 것 등 그 모양이 매우 다양했습니다.

노리개는 조선시대 후기에 널리 사용된 장신구지만 신라와 고려시대에 패물을 가슴팍에 달던 것에서 유래한 것으로 보입니다. 이 패물도 노리개와 마찬가지로 수술 혹은 매듭을 덧단 장신구였습니다.

향낭은 향료를 담은 주머니로 신라시대부터 남녀노소 가리지 않고 이용했습니다. 장신구로써의 기능보다는 좋은 냄새를 피우는 향수와 비슷한 역할을 했던 것으로 보입니다.

한편 권력의 상징물로 쓰이는 장신구도 있었는데, 천마총天馬塚이나 무령왕릉武寧王陵에서 출토된 관모官帽, 허리띠 등이 바로 그것입니다.

상투 옛날, 장가든 남자가 머리털을 끌어 올려 정수리 위에 틀어 감아 맨 것.
얹은머리 땋아서 위로 둥글게 둘러 얹은 머리.
비녀 여자의 쪽 찐 머리가 풀어지지 않도록 꽂는 장신구.
불두잠 머리가 부처의 머리 모양으로 반타원형인 비녀.
쪽 시집간 여자가 뒤통수에 땋아서 틀어 올려 비녀를 꽂은 머리털.
첨 부인의 머리에 꽂는 10센티미터 정도의 장식 핀. 주로 금이나 은으로 만들어 국화, 석류, 나비 따위를 새겼음.
가리마 예전에, 부녀자들이 예복을 갖추어 입을 때 큰머리 위에 덮어쓰던 검은 헝겊. 비단천의 가운데를 접어 두 겹으로 만들고 그 속에 종이나 솜을 넣은 것으로, 앞머리의 가르마 부근에 대고 뒷머리 부분에서 매어 어깨나 등에 드리웠다.
귀이개 귀지를 파내는 기구. 나무나 쇠붙이로 숟가락 모양으로 가늘고 작게 만든다.
뒤꽂이 쪽을 찐 머리 뒤에 덧꽂는 비녀 이외의 장식품. 연봉, 과판, 귀이개 등이 있다.
화관 칠보로 꾸민 여자의 관. 예복을 입고 위엄 있는 몸가짐이나 차림새를 갖출 때에 쓴다.
족두리 부녀자들이 예복을 입을 때에 머리에 얹던 관의 하나. 위는 대개 여섯 모가 지고 아래는 둥글며, 보통 검은 비단으로 만들고 구슬로 꾸몄다.
장수 오래도록 삶.
부귀다남 재산이 많고 지위가 높으며 아들이 많음.
액막이 가정이나 개인에게 닥칠 불행을 미리 막는 일.
향낭 = 향주머니
노리개 여자들이 몸치장으로 한복 저고리의 고름이나 치마허리 등에 다는 물건. 금, 은, 보석에 명주실을 늘어뜨린 것으로, 1개로 된 단작(單作)과 3개가 짝인 삼작(三作)이 있다.
천마총 경상북도 경주시 황남동에 있는 신라 때의 고분. 신라 지증왕의 능으로 추정되며, 1973년에 발굴되어 금관, 마구, 금제 과대(銙帶) 및 요패 등의 많은 부장품이 나왔다. 발굴된 금관은 국보 제188호, 금제 과대 및 요패는 국보 제190호이다.
무령왕릉 충청남도 공주시 금성동에 있는 백제 무령왕의 능. 1971년에 발굴된 벽돌무덤으로, 삼국시대 분묘 가운데 무덤의 주인공을 알 수 있는 최초의 것이며, 금관을 비롯하여 금팔찌·금귀고리 등의 세공품과 도자기·철기 등이 출토되었다.

 | 우리 역사 깊이 알기 |

천 년의 도시 - 경주

불국사 佛國寺

경상북도 경주시 진현동의 토함산 기슭에 있는 절. 신라 법흥왕 15년(528)에 법흥왕의 어머니인 영제부인(迎帝夫人)과 기윤부인(己尹夫人)이 창건하였고, 경덕왕 10년(751)에 김대성이 크게 중창하였다. 세련된 전통미의 조화를 보여 주는 천 년 신라문화의 정수로 대웅전, 무설전, 극락전, 비로전, 관음전, 화려하고 기발하게 다듬어 조형예술의 극치를 보여 주는 다보탑, 석가탑, 청운교, 백운교, 연화교, 칠보교가 있어 신라인의 섬세한 예술혼을 잘 보여 주고 있다. 석굴암과 더불어 1995년에 유네스코 세계 문화유산으로 지정되었다.

백운교 白雲橋 / 청운교 靑雲橋

흰 구름을 의미하는 백운교는 위쪽 다리, 푸른 구름을 의미하는 아래쪽 다리가 청운교이다. 백운교를 밟아 오르면 자하문 너머 대웅전이 보인다.

대웅전 大雄殿

대웅전은 불국사의 중심 전각으로 석가모니불을 모시고 있다. 연꽃이 새겨진 연화, 칠보교를 밟아 오르면 안양문 너머 극락전이 나타난다. 극락전은 착한 이가 죽으면 간다는 서방극락정토를 상징하는 곳으로 금동아미타여래좌상이 모셔져 있다.

다보탑 多寶塔

견고한 화강암을 자유자재로 다뤄 조형예술의 극치를 보여 주고 있는, 세계에서 유래가 없는 석탑이다.

석가탑 釋迦塔

안정감과 우아함을 지니고 있어 신라 석탑의 전형을 이룩한 대표적인 탑이다.

석굴암石窟庵 전경

경주시 토함산 동쪽에 있는, 우리나라의 대표적인 석굴 사원으로 본존불(本尊佛)이 모셔져 있다. 신라 경덕왕 때에 김대성이 전생의 부모를 위해 축조한 것으로, 화강암을 석굴 모양으로 쌓아올려 그 위에 흙을 덮었으며, 굴 가운데 흰 화강암에 조각한 석가여래좌상을 중심으로 그 둘레에 여러 불상이 있는데, 간단하고도 기묘한 모양과 영묘함이 불교 예술의 극치를 이루고 있다. 국보 정식 명칭은 '석굴암 석굴'이다. 불국사와 더불어 1995년에 유네스코 세계 문화유산으로 지정되었다.

석빙고石氷庫

얼음을 넣어 두던 창고.

괘릉掛陵 무인상

경상북도 경주시 외동읍 괘릉리에 있는 신라 37대 원성왕(元聖王)의 능으로 추정되는 고분에 세워진 무인상(武人像). 깊은 눈과 넓은 코, 숱이 많은 수염 등으로 우리나라 사람의 모습이 아닌 아라비아 사람으로 생각되는 석인상이다.

감은사感恩寺지

양북면 용당산 기슭에 자리 잡은 감은사지는 문무대왕릉을 바라보고 있다. 마주보고 서 있는 3층 석탑 2기는 안정감과 상승감을 동시에 표현한 걸작으로 손꼽힌다. 신라 30대 문무왕 때에 왜구를 막기 위해 짓기 시작하여 31대 신문왕 때 완공되었다. 국보 제112호인 3층 석탑이 남아 있다.

분황사芬皇寺 모전석탑

경상북도 경주시 구황동에 있는 신라 말기의 석탑. 신라 선덕여왕 3년(634)에 창건되어 원효(元曉)가 불도(佛道)를 닦으면서 《화엄경소(華嚴經疏)》를 쓴 명찰(名刹)로, 국보로 지정된 분황사 석탑이 있다. 안산암을 벽돌모양으로 다듬어 쌓아올린 이 석탑은 문설주에 새겨진 금강역사상이 신라 불교 조각의 걸작으로 꼽힌다.

황룡사皇龍寺지

경상북도 경주시 구황동에 있던 절. 왕명으로 553년(신라 진흥왕 14)에 창건하기 시작하여 566년에 주요 전당들이 완성되었다. 금당(金堂)은 584년(진평왕 6)에 비로소 완성되었고, 신라 삼보(三寶)의 하나인 9층 목탑은 643년(선덕여왕 12)에 착공되어 그 다음 해에 완공되었다고 기록되어 있다. 창건 기록에는 진흥왕이 신궁을 월성 동쪽 낮은 지대에 건립하려 했으나 그곳에서 황룡이 승천하는 모습을 보고, 왕이 신궁 조영을 중지하고 절도 만들게 하여 황룡사라는 사명(寺名)을 내렸다고 한다. 신라 멸망 후에도 황룡사는 고려 왕조로부터 깊은 숭상과 보호를 받았으며 9층 목탑의 보수를 위해 목재까지 제공받았다. 그러나 1238년(고종 25) 몽골군의 침입으로 탑은 물론 일체의 건물이 불타 버렸다.

(위 : 금당지, 아래 : 목탑지)

안압지 雁鴨池

신라 문무왕 때 임해전 앞에 신라의 지도 모양으로 판 못으로 《삼국사기》에 '문무왕 14년(674년) 2월 궁 안에 못을 파고 화초와 새를 길렀다.'는 기록이 있으며 삼국 통일 후의 신라의 위세를 알게 해 준다.

포석정 鮑石亭

사적 제1호인 포석정은 통일신라시대에 건립된 것으로 추정된다. 927년, 경애왕이 왕비와 신하들과 놀다가 견훤의 습격을 받아 죽은 곳이기도 하다. 포석정은 경주 서쪽 이궁원(離宮苑)에서 열리는 연회를 위해 만든 것으로 시냇물을 끌어들여 포어(鮑魚) 모양을 따라 만든 수구(水溝)에 흐르게 하고, 그 물 위에 술잔을 띄워 시를 읊고 노래를 부르다가 술잔을 건져 술을 마시며 즐겼다고 전한다. 이러한 것은 중국 동진(東晉)시대부터 유행했으며, 통일신라시대에 화려했던 궁정생활의 단면을 보여 주는 것이다. 현재 남아 있는 것은 포어 모양의 수구뿐인데 일제 강점기에 임의로 보수되어 수로곡석(水路曲石)의 원형이 많이 변형되었다.

첨성대瞻星臺
선덕여왕 때 축조된 현존하는 동양 최고의 천문대로 절묘한 구조와 기막힌 상징성을 지니고 있다.

전면

후면

선덕여왕릉
찬란한 신라문화를 꽃피우고 삼국 통일의 기초를 닦은 선덕여왕의 능이다.

용담정龍潭亭
용담정은 구미산 아래에 있는 정각(亭閣)으로 천도교의 교조 최제우가 포교활동을 벌이고 인간 절대평등의 가르침을 담은 《용담유사》를 저술한 곳이다. 용담정에서 조금 떨어진 현곡면 나원리에는 신라 8괴(八怪)의 하나로 알려진 나원리 5층 석탑이 있다.

최제우崔濟愚
동학의 창시자(1824~1864). 초명은 복술(福述)·제선(齊宣). 자는 성묵(性默). 호는 수운(水雲)·수운재(水雲齋). 37세 때 동학을 창도하였으며, 후에 사도난정(邪道亂正)의 죄목으로 체포되어 참형되었다. 저서에 《동경대전》, 《용담유사》 등이 있다.

문무대왕릉 龍潭亭

죽어서도 용이 되어 동해바다를 지키겠다던 유언에 따라 문무왕을 수장한 세계 유일의 해중릉으로 숭고한 호국정신이 깃들어 있는 곳이다.

대릉원 천마총, 天馬塚

경상북도 경주시 황남동에 있는 신라 때의 고분군으로 23기가 산재해 있다. 그중 특히 천마총은 신라 지증왕의 능으로 추정되며, 1973년에 발굴되어 금관, 마구, 금제 과대(銙帶) 및 요패 등의 많은 국보 부장품이 나왔다. 대릉원은 그 구조와 출토유물을 직접 들여다볼 수 있도록 내부를 전시공개하고 있어 신라인들의 빼어난 문화적 수준을 짐작하게 한다.

태종 무열왕릉

삼국 통일의 기틀을 다진 무열왕의 능은 선도산 아래의 송림 속에 자리 잡고 있다. 무열왕릉 남쪽에는 무열왕의 비석인 돌거북(귀부)과 이수가 남아 있으며, 조각이 장엄하고 아름다워 우리나라 최고의 비석조각으로 꼽히는 자랑거리이다.

김유신 장군묘

삼국 통일의 위업을 달성한 김유신 장군의 묘. 묘 둘레에는 십이지산상이 새겨진 호석과 돌난간이 둘러져 있으며, 울창한 숲이 조성되어 호국의 성지를 보듬고 있다.

오릉 五陵

경상북도 경주시 탑동에 있는 다섯 개의 능묘. 신라 시조 박혁거세왕과 왕후인 알영 왕비, 제2대 남해왕, 제3대 유리왕, 제5대 파사왕 등 신라 초기 네 임금과 왕후의 능으로 담암사 북쪽에 있다고 옛 문헌에 전하고 있다. 사적 정식 명칭은 '신라 오릉'이다.

계림 鷄林

'신라'의 다른 이름. 숲 속에서 이상한 닭 울음소리가 들리기에 가보니, 나뭇가지에 흰 닭과 금빛의 궤 속에 신라 김씨 왕조의 시조가 되는 김알지가 있었다는 설화에서 유래한다. 사적 제19호로 지정되어 있다.

여근곡

선덕여왕 5년(636년)에 백제 병사들이 이 계곡에 숨어 있다가 몰살당했다는 이야기가 《삼국유사》와 《삼국사기》에 전해오고, 옛 문헌에는 여근곡이 옥문곡이라 씌어 있다.

8. 통일의 기반을 닦다

　선덕여왕이 왕위에 오른 지도 어언 5년이 지나갔다. 짧은 기간이었지만 영묘사에서 스님 생활을 하였던 선덕여왕이었기에 불교에 대한 믿음이 두터웠다. 그래서 영묘사를 크게 다시 짓기로 하였다. 신라 백성들도 선덕여왕의 뜻에 따랐다. 처음에는 선덕여왕이 나라를 다스리는 것에 불만을 가지던 진골 귀족들도 마음을 누그러뜨리고 협조를 하였다.
　선덕여왕은 화백회의를 소집하였다. 선덕여왕이 회의를 소집하자 관리들은 웅성거렸다.
　"무슨 일인가?"
　"글쎄, 폐하께서 직접 모이라고 한 걸 보니 중요한 일이 있는 모양이군."
　관리들이 하나둘 짝을 지어 회의장으로 들어섰다.

"자, 앉으시오. 짐이 오늘 화백회의를 열자고 한 것은 우리나라가 고구려나 백제와 전쟁을 치르는 가운데 많은 신라의 군사들이 희생되었습니다. 그들이 극락으로 갈 수 있도록 영묘사를 다시 지으려고 합니다."

선덕여왕의 말에 모든 관리들은 고개를 숙였다. 선덕여왕이 백성들을 진심으로 사랑하고 있다는 사실을 알았기 때문이었다.

"성은이 망극하옵니다."

관리들이 자신의 뜻에 찬성하자 선덕여왕이 다시 입을 열었다.

"지금 나라의 재정財政이 많이 어렵습니다. 그래서 영묘사를 크게 짓는데 여러분들의 도움이 필요합니다."

> **재정**
> 국가가 나라를 다스리는데 필요한 돈을 만들어 관리하고 이용하는 경제 활동.

선덕여왕의 말에 관리들은 얼굴을 찡그렸다. 영묘사를 지을 돈을 내야 하기 때문이었다.

"짐의 뜻에 여러분들이 따라 주리라 믿습니다."

관리들은 마음속으로는 싫었지만 선덕여왕의 뜻을 거역할 수는 없었다.

얼마 후 웅장한 영묘사가 완공되었다. 정문인 일주문을 지나 부처님의 말씀을 지키면서 나쁜 악마를 막고 착한 사람들을 돕는 임무를 지닌 호법천왕인 천왕문을 만들었다. 천왕문에는 동방의 지국持國천왕, 남방의 증장增長천왕, 서방의 광목廣目천왕, 북방의 다문多聞천왕 등 4명을 모셔두었다. 대웅전 바로 앞에는 불이문不二門을 만들었다. 불이문은 부처님의 깊은 진리를 깨닫는다는 의미이다. 그리고 대웅전 앞에는 양쪽으로 탑을 만들었다. 신라 백성들이 탑을 돌면서 자신의 소원을 빌도록 하기 위함이었다. 대웅전에는 커다란 불상을 모셔두고 대웅전의 지붕에는 환한 미소를 짓고 있는 무늬를 새긴 기와를 얹어 신라 백성들의 태평성대를 기원하였다. 영묘사의 공사가 끝나자, 대웅전 앞에 푸짐한 제사상이 차려졌다. 양쪽에는 촛불이 켜져 있고 향 냄새가 솔바람을 타고 은은하게 퍼져 나갔다.

"오늘이 죽은 군사들을 제사 지내는 날이라지?"

"그렇다더군. 육지와 바다에서 싸울 때마다 승리를 거두긴 했는데 많은 군사들이 죽었잖아. 그래서 죽은 군사를 위로하기 위해 제사를 지낸다는 거야."

"암, 그래야지. 역시 폐하의 뜻은 우리보다 한 수 위야! 모두 나라를 위해서 싸우다가 죽은 사람들 아닌가? 당연히 제사를 지내 줘야지."

대웅전과 절 마당에는 선덕여왕을 비롯하여 많은 신하들이 모였다. 그 뒤로는 신라의 백성들과 군사들이 몰려와 함께 제사를 지켜보며 죽은 군사들의 명복을 빌었다.

먼저 선덕여왕이 술을 따라 술잔을 제사상에 올렸다. 선덕여왕은 가슴이 미어졌다. 나라가 약하여 고구려와 백제의 군사를 맞아 싸우면서 때로는 이기거나 지기도 했지만, 많은 수의 신라 군사들이 죽은 것이다. 그들에게는 늙은 부모도 있고 사랑하는 아내와 자식도 있을 것이다.

선덕여왕은 절을 하고 나서 품에서 곱게 접은 종이를 꺼냈다. 간

밤에 죽은 군사들을 생각하며 지은 글이었다.

신라를 지키기 위해
너희들은 목숨을 다하여
신라를 지켰건만
부하를 위로하고 사랑하는 일
나는 그런 덕이 모자랐노라.
혼들이여, 어서 오시어
이곳에 있는 음식을 받으시고
다음 세상에는
전쟁이 없는 평화로운
좋은 세상 맞이하소서.

선덕여왕은 여러 사람들 앞에서 글을 읽었다. 글을 읽고 있는 선덕여왕의 볼에 뜨거운 눈물이 흘러내리고 있었다. 왕이 물러나자 관리들이 차례대로 잔을 올리고 절을 했다. 그 뒤로 장수들과 군사들이 절을 하며 용감한 군사들이 다음 생에는 전쟁이 없는 평화로운 세상에 태어나기를 간절히 빌었다. 산봉우리 사이로 밝은 달이 떠올라 사람들의 모습을 따뜻하게 비춰 주고 있었다.

어느덧 겨울이 다가왔다.

선덕여왕 4년(636), 백제 무왕武王은 늘 신라를 공격할 생각을 하고 있었다.

무왕
백제의 제30대 왕(?~641). 이름은 장(璋)·무강(武康), 별명은 서동(薯童). 중국 수나라·당나라와는 친화 정책을 써서 고구려를 견제하고 신라를 자주 공략하였으며, 중 관륵을 일본에 보내어 천문·지리·역본 등의 서적과 불교를 전하였다. 만년에는 사치와 유흥에 빠져 백제가 멸망하는 원인을 만들었다. 재위 600~641년.

"신라 백성들은 참으로 불쌍하도다. 어찌 여자를 임금으로 섬긴 단 말이냐? 여자가 다스리면 백성들이 잘 따르지 않을 것이므로 이 기회를 이용하여 신라를 정벌하는 것이 좋겠다."

무왕의 말에 백제의 관리들도 모두 고개를 끄덕였다.

"장군 우소는 군사 500명을 이끌고 신라 독산성을 공격하라. 독산성을 무작정 공격하지 말고 신라왕이 자주 가는 영묘사라는 곳에 옥문곡이라는 계곡이 있다. 그곳은 군사를 숨기기가 아주 좋은 곳이다. 그러므로 그곳에 숨어 있다가 1,300명의 군사를 곧바로 보낼 터이니 이들과 함께 신라의 독산성을 공격할 수 있도록 하라."

"신라의 여왕을 포로로 잡아오겠사옵니다."

우소는 곧바로 500명의 백제 군사를 이끌고 국경을 넘어 경주로

향했다. 영묘사의 옥문곡에 이르니 해가 뉘엿뉘엿 서산으로 지고 있었다. 우소는 군사들에게 명령하였다.

"우리를 지원해줄 군사들이 곧바로 도착할 것이다. 이들이 도착할 때까지 쉬고 있도록 하라."

백제 군사들은 옥문곡에 숨어 쉬고 있었다.

"개골! 개골! 개골!"

한겨울인데 개구리가 울고 있었다. 신라 백성들은 웅성거렸다.

"아니, 날씨도 추운데 개구리가 겨울잠도 자지 않고 웬일이야?"

"글쎄 말이야. 혹시 나라에 큰일이 일어나는 것은 아닐까?"

"더구나 흰색 개구리가 운다지 뭐야. 아무래도 무슨 일이 일어날 것 같아 불안해."

"폐하께서 나라를 잘 다스리고 있는데 무슨 걱정이야?"

"그럴까……."

신라 백성들은 걱정이 되어 수군거렸다. 선덕여왕도 한겨울에 우는 개구리 때문에 백성들이 불안해 한다는 소문을 들었다.

"어디에서 개구리가 운다고 하오?"

"영묘사라 합니다. 그것도 보통 개구리도 아닌 흰색 개구리가 울고 있답니다."

"백성들이 많이 걱정을 한다고 들었소."

"그러하옵니다."

"걱정하지 말라고 이르시오. 내가 왜 개구리가 한겨울에 우는지 설명을 해 주겠소."

선덕여왕은 잠시 숨을 고른 뒤 말을 이었다.

"개구리의 눈은 툭 불거져 나온 것이 군사의 상입니다. 내가 듣건대 영묘사 서남쪽으로 옥문곡이라는 곳이 있다고 들었소이다. 아마도 그곳에 우리나라를 공격할 기회를 엿보면서 백제의 군사들이 숨어 있을 것이오."

선덕여왕의 말에 관리들은 깜짝 놀랐다. 곧이어 선덕여왕은 각간角干 알천과 필탄에게 명령하였다.

"어서 군사를 이끌고 옥문곡으로 나가시오."

"분부대로 거행하겠사옵니다."

선덕여왕의 명령을 받은 알천과 필탄은 해가 지자 신라 군사들

각간
신라시대 때 17관등 가운데 첫째 등급. 자색 관복을 입었다. 진골만이 오를 수 있는 직책이었다.

을 이끌고 옥문곡 가까이로 갔다.

"내가 명령할 때까지 절대 적을 공격하지 마라. 또한 함부로 행동하지 마라."

"분부에 따르겠습니다."

우소를 비롯한 백제 군사들은 신라 군사들이 오는지도 모른 채 잠을 자고 있었다. 알천과 필탄은 백제 군사 가까이 접근하자 공격 명령을 내렸다.

"이때다, 공격하라! 한 놈도 남기지 마라!"

알천과 필탄의 명령을 받은 신라 군사들은 일제히 활시위를 당겨 백제 군사들을 공격하였다.

"와! 와! 와!"

갑작스러운 신라 군사들의 공격에 백제 군사들은 당황하며 우왕좌왕하였다. 미처 잠에서 깨어나지 못한 백제 군사들은 그대로 목숨을 잃었다. 백제 장군 우소는 군사들을 격려하며 물러나지 말 것을 강요하였다.

"여왕 밑에서 빌붙어 사는 볼품없는 군사들이다. 어서 신라 군사들을 공격하라!"

그러나 우소의 명령은 메아리로 들려왔다. 우소는 큰 돌 위에 올라가 활을 쏘며 싸웠다. 그러나 우소 혼자만으로 신라 군사들을 당해낼 수는 없었다. 우소는 싸우다가 화살이 떨어져 신라 군사에게 죽음을 당했다. 이때 알천에게 한 군사가 백제 군사를 데리고 왔다.

"장군, 이자는 원래 우리나라 백성이랍니다. 그런데 포로가 되었다가 이번에 다시 오게 되었답니다."

"그래, 고생이 많았겠구나."

"장군, 이자가 장군께 할 말이 있답니다."

"할 말이……. 어서 말해보라."

"얼마 후에 백제군이 다시 올 겁니다. 그들은 먼저 온 우소의 부대와 힘을 합쳐 서라벌을 공격할 예정이었습니다."

"네가 귀중한 정보를 주었구나. 장하도다."

알천이 군사의 손을 잡으며 말했다.

"내 너를 폐하께 말씀을 드려 큰 상을 내리도록 하마."

"망극하옵니다."

알천은 곧 신라 군사들을 모두 모이게 하였다.

"곧 백제군이 다시 올 것이다. 어서 포로로 잡힌 백제 군사들의 옷을 벗겨서 우리 신라군에게 입히도록 하라. 그리하여 백제 군사들이 우리 신라군을 몰라보게 하라."

알천은 신라 군사들 중에 날랜 군사를 뽑아 백제 군사들의 옷으로 갈아입혔다. 그리고 신라군과 백제군들의 싸움으로 난장판이 된 옥문곡을 깔끔하게 정리하였다. 그리고 백제옷으로 갈아입은 신라 군사들을 백제 군사들이 잘 보이도록 옥문곡 이곳저곳에 모여 있도록 하였다. 나머지 신라 군사들은 옥문곡 풀숲에 몸을 숨겼다.

"내 명령이 있기 전까지는 절대 움직이지 마라. 아무것도 모르고 오는 백제군이므로 우리가 갑자기 공격하면 크게 승리를 거둘 것이다. 알겠느냐?"

> **난장판**
> 여러 사람이 어지럽게 뒤섞여 떠들거나 뒤엉켜 뒤죽박죽이 된 곳. 또는 그러한 상태.

"예, 장군!"

신라 군사들은 큰 소리로 대답하였다.

얼마 후에 백제 군사들이 조심스럽게 옥문곡으로 다가왔다. 신라 군사들은 풀숲에서 알천의 명령만을 기다리고 있었다. 옥문곡에 있는 군사들이 백제 군사라고 생각하자, 조심스럽게 다가오던 백제 군사들이 마음을 놓은 듯 달려왔다. 이때 알천이 명령했다.

"모두 공격하라! 한 놈도 살려두어선 안 된다."

알천의 명령에 따라 신라 군사들이 일제히 활시위를 당겼다. 아무 방비가 없던 백제 군사들은 힘없이 그 자리에 쓰러졌다.

"후퇴하라!"

백제 장수가 소리쳤다.

"우리가 속았으니 어서 후퇴하라!"

그러나 이미 백제 군사들은 거의 쓰러진 뒤였다. 알천은 외롭게 소리치고 있는 백제 장수를 향해 활시위를 당겼다. 백제 장수도 그 자리에서 전사하였다.

백제는 옥문곡 전투에서 우소를 포함한 500명의 군사들과 후속 부대 1,300명까지 모조리 죽는 등 크게 패하고 말았다.

이 일로 백성들과 관리들은 선덕여왕을 더욱 존경하고 따르게 되었다.

| 신라시대 이야기 | 08

신라시대에는 남자들도 화장을 했다면서요?

신라시대에는 남자들도 화장을 하였습니다. 그렇다면 화장을 하는 이유는 무엇일까요?

오늘날에는 화장을 함으로써 자신의 얼굴에서 결점을 감추고 장점은 돋보이게 하기 위함이지만, 옛날에는 아름다움보다는 권위와 힘을 드러내기 위해서였습니다.

이런 예로 신라시대에 좋은 가문의 청년 중에서 덕행이 있는 사람을 골라 '화랑'으로 뽑았는데 그 우두머리가 화장한 것을 들 수 있습니다.

본래 신라에는 원화라는 여성 단체가 있었습니다. 남모와 준정이라는 아름다운 처녀를 중심으로 3백 명이 모인 단체였습니다. 그러나 이 두 여단장은 서로 시기를 했습니다. 결국 준정이 남모를 자기 집으로 유인하여 억지로 술을 권해 취하게 한 뒤 강물로 밀어 죽인 사건이 발생했습니다. 이 일이 발각되어 준정은 사형에 처해지고, 그 무리는 화목이 깨져 해산하고 말았습니다.

그 뒤 이러한 제도의 필요성이 다시 부각되자, 남자를 뽑아 '화랑' 또는 '국선'이라 부르고 낭도들이 이들을 따르게 하였습니다. 이때 화랑은 귀족 출신으로 외모가 출중하며 덕행이 높은 사람을 선출했습니다. 이들에게 화장을 시켜서 대장으로 받들게 하니 그들을 따르는 사람이 많이 모여들었다고 합니다.

초기의 화랑도는 그다지 영향력이 있는 조직은 아니었으나, 6세기 중반경인 진흥왕眞興王 때에 이르러서 그 역할이 매우 커졌습니다. 국방정책과 관련해 화랑도를 나라에서 직접 운영했고, 총지휘자로 국선을 두고 그 밑에 화랑이 있어 각각 자기 부대를 지휘하게 했습니다.

화랑의 총지휘자인 국선은 원칙적으로 전국에 한 명이었고, 화랑은 보통 서너 명에서 칠팔 명에 이를 때도 있었으며, 화랑이 거느린 각 부대의 낭도는 수천 명에 이르렀다고 합니다.

이처럼 수천 명의 낭도를 거느리기 위해서는 국선이나 화랑이 낭도에 비해 권위가 있어야 했으므로 화장을 했던 것입니다.

그러나 또 다른 의견으로 화랑도가 그 기원을 여성에 두었기 때문이라는 설도 있습니다.

화랑도는 신라가 삼국을 통일한 문무왕文武王 때까지 약 백 년 동안 그 활약이 매우 뛰어났으며, 국난을 극복하는데 크게 공헌을 했습니다.

이들의 정신적 밑바탕은 원광법사圓光法師의 세속오계世俗五戒입니다. 화랑도가 세속오계를 계율로 삼았고, 낭도 중에 승려가 많았던 것으로 보아 불교의 영향을 많이 받은 것으로 풀이됩니다.

불교와 더불어 화랑도에 영향을 준 것은 도교 사상입니다. 즉 모든 일을 거리낌 없이 처리하고 묵묵히 자신이 맡은 일을 실천하는 것이 노자老子의 가르침입니다.

화랑도가 신라에만 있었던 것은 아닙니다. 중국의 《후한서後漢書》〈동이전〉을 보면 우리의 옛 사회에 소년들이 모이는 집이 있는데, 이를 '소년 유축실少年有築室'이라고 했다는 기록이 나옵니다.

자세히 알려져 있지는 않지만, 고구려에도 경당肩堂에서 교육한 '선배' 또는 '선인'이라는 제도가 있었습니다. 선배는 머리를 깎고 검은 옷을 입었는데 화랑과는 달리 전투적이었습니다.

이렇게 우리나라에는 대체로 원시시대 이래 촌락 또는 부족 단위로 일정한 연령층

의 청소년이 모여 단체생활을 하면서 공동의 의식을 수행하며 사회의 전통적 가치와 질서를 터득하고 노래와 춤, 무예를 익히던 조직이 있었습니다. 이 가운데 대표적인 조직이 화랑도입니다.

이후 화랑은 신라 말에 이르러 선랑仙郞, 국선으로 불렸고, 고려시대로 넘어오면서 선랑은 팔관회八關會의 무동舞童을, 국선은 충렬왕忠烈王 이후 군역軍役을 지칭하게 되었습니다.

조선시대에는 신라 이후 쓰이지 않던 남무男巫를 가리키는 말이 사용되었으며, 조선 중기 이후에는 무부巫夫, 걸립패乞粒牌의 무동, 사당寺黨의 거사居士를 가리키게 되었습니다. 이런 면에서 볼 때 화랑의 자취는 조선시대까지 면면히 이어져 왔다고 볼 수 있습니다.

문무왕 신라 제30대 왕(?~681). 성은 김(金), 이름은 법민(法敏). 태종 무열왕의 맏아들로 김유신과 함께 백제, 고구려를 멸망시키고 중국 당나라 세력을 몰아내어 삼국 통일을 이룩하였다. 당악(唐樂), 신력(新曆) 등의 당나라 문화를 수입하는 데에 노력하였고, 죽은 후 유언에 따라 동해의 대왕암에 수장되었다. 재위 661~681년.

원광법사 신라 진평왕 때의 중(555~638). 속성은 박(朴). 중국 수나라에 유학한 후, 대승 경전(大乘經典)을 강의하였고, 화랑도의 중심 이념인 '세속오계'를 지었다. 저서로 《여래장경사기(如來藏經私記)》 등이 있다.

세속오계 신라시대 때 화랑(花郞)의 다섯 가지 계율. 진평왕 때에 원광(圓光)이 정한 것임.
　　사군이충(事君以忠) - 충성으로써 임금을 섬긴다.
　　사친이효(事親以孝) - 어버이 섬기기를 효도로써 다한다.
　　교우이신(交友以信) - 벗을 사귐에 있어서는 믿음으로써 한다.
　　임전무퇴(臨戰無退) - 전쟁에 나아가서는 물러서지 않는다.
　　살생유택(殺生有擇) - 생명이 있는 것은 함부로 죽이지 않는다.

노자 중국 춘추 시대의 사상가(?~?). 성은 이(李), 이름은 이(耳). 자는 담(聃)·백양(伯陽). 도가(道家)의 시조로, 상식적인 인의와 도덕에 구애되지 않고 만물의 근원인 도를 따라서 살 것을 역설하고, 무위자연을 존중하였다.

경당 고구려시대 때 각 지방에 세운 사학 기관. 평민층의 미혼 남자를 모아 경학(經學)과 문학, 무예를 가르쳤다.

팔관회 통일신라·고려시대 때 해마다 음력 10월 15일은 개경에서, 11월 15일은 서경에서 토속신에게 제사를 지내던 의식. 술, 다과, 놀이를 즐기고 나라와 왕실의 안녕을 빌었다.

무동 조선시대 궁중의 잔치 때 춤을 추고 노래를 부르던 아이.

충렬왕 고려 제25대 왕(1236~1308). 이름은 거(昛). 초명은 심(諶)·춘(賰). 원나라에 굴복하여 세조의 공주를 아내로 맞이하였으며, 그 풍습과 문물 제도를 받아들이고 원나라의 간섭을 심하게 받았다. 재위 1274~1308년.

군역 삼국시대 이래 군적(軍籍)에 등록된 신역(身役). 대체로 16세 이상 60세 이하의 양인 남자인 정(丁)이 국가에 지는 것이었다.

남무 남자 무당. =박수

무부 무당의 남편. =무당 서방

걸립패 동네의 경비를 마련하기 위하여 집집마다 다니면서 풍악을 울려 주고 돈이나 곡식을 얻기 위하여 조직한 무리.

사당 조선시대 때 무리를 지어 떠돌아다니면서 노래와 춤을 파는 여자.

거사 사당패에서 각 종목의 으뜸가는 사람.

善德女王

9. 당나라와 가까워지다

선덕여왕이 왕위에 오른 지 11년이 되던 642년이었다. 북쪽에서는 고구려가, 서쪽에서는 백제의 공격이 만만치 않았다. 백제에서 새롭게 임금이 된 의자왕義慈王은 신라를 계속 공격하였다. 7월에는 백제의 40여 성을 공격하여 빼앗기도 하였다.

김춘추의 사위인 이찬 김품석은 대야성주로 있었다. 김품석이 대야성주로 있으면서 사지司紙 검일黔日의 마음을 아프게 한 일이 벌어졌다. 고을을 돌아보던 김품석이 검일의 아름다운 아내를 보고는 이내 사랑에 빠지게 되었다. 그날 밤 김품석은 검일의 집을 다시 찾았다.

"내가 이곳에 왜 또 왔는지 아시겠소?"

검일은 갑작스러운 김품석의 방문에 당황하여 말끝을 흐렸다.

"글쎄요……."

의자왕
백제의 제31대 마지막 왕(?~?). 642년에 신라를 공격하여 미후성(獼猴城) 등 많은 지역을 점령하고, 고구려와 화친하는 등 기울어져 가는 국위의 선양에 힘썼다. 그러나 만년에 사치와 방탕에 빠져 660년에 나·당 연합군에 항복하여 당에 압송되었다가 병사하였다. 재위 641~660년.

사지
종이 만드는 일을 맡아보던 벼슬.

검일
신라시대의 역적(?~660). 대야성(大耶城)의 도독(都督) 김품석(金品釋)이 아내를 빼앗자 이에 대한 보복으로 백제와 내통하여 대야성을 함락하게 하였다.

"그대의 아내를 나에게 주시겠소? 그러면 당신의 부역과 세금을 면제해 주겠소."

검일은 대답 대신 고개를 숙였다. 대야성주인 김품석의 말을 거역하면 화를 당할 것이 뻔했기 때문이었다.

"왜 대답을 하지 않는 거요?"

김품석이 서두르면서 말했다.

"저, 그것이……."

검일이 말을 잇지 못하자 곁에 있던 그의 아내는 생각에 잠겼.

'남편은 도저히 말할 수 없을 것이야. 그러면 저 성주가 남편뿐만 아니라 우리 가족을 모두 죽일 수도 있어. 차라리 내가 나서서 성주의 뒤를 따르겠다고 하면 가족들은 모두 무사할 것이 아닌가?'

검일의 아내는 김품석 앞으로 나섰다.

"소녀가 성주님을 따르겠나이다."

검일의 아내는 눈물을 보이면서 말했다. 아내의 말에 검일이 막고 나섰다.

"부인, 무슨 말씀이시오?"

검일의 아내는 남편을 쳐다보며 말했다.

"소녀가 당신과 있어보았자 무슨 도움이 되겠습니까? 차라리 성주님을 따라가는 것이 소녀나 당신을 위해서 좋을 것 같습니다."

"부인, 나와 함께 화목한 가정을 갖는 것이 소원이라고 하지 않으셨소?"

"이제 아닙니다. 저도 맘 놓고 편하게 살고 싶습니다."

아내의 차가운 말에 더 이상 검일은 말을 잇지를 못했다.

김품석은 검일의 아내를 데리고 갔고, 그 뒷모습을 보며 검일은 이를 부드득 갈았다.

"내가 언젠가는 이 원수를 꼭 갚아 주마."

검일은 두 주먹을 부르르 떨었다.

그 해 8월에 백제 장군 윤충이 군사들을 거느리고 와서 대야성을 공격하였다. 김품석은 성 안의 백성들을 모아놓고 말했다.

"백제군들은 필시 우리 성을 포위하면서 쉽게 공격을 하지 않을 것이다. 우리는 성문을 굳게 잠가둔 채 시간을 끌면 아마 백제군들은 제풀에 꺾여 물러날 것이다."

"분부대로 행하겠습니다."

성 안의 백성들은 김품석이 시키는 대로 성문을 굳게 잠근 채 버티었다. 검일은 이때가 김품석에게 원수를 갚을 좋은 기회라고 생각하였다.

'어서 백제군에게로 가자. 그들에게 협조하여 대야성주 김품석이를 죽여 버리자.'

검일은 몰래 백제군들이 머물고 있는 곳으로 갔다. 백제군들은 검일을 보자 자신들을 정탐(偵探)하러 왔는 줄 알고 다짜고짜 잡아들여 윤충 앞으로 끌고 갔다.

"네놈은 무엇 하는 놈인데 이곳에 잡혀온 것이냐?"

"소인은 신라에서 사지(舍知)라는 직책을 맡고 있는 검일이라고 하

정탐
드러나지 않은 사정을 몰래 살펴 알아냄.

사지
①신라시대 십칠 관등 가운데 열셋째 등급. 사두품 이상이 오를 수 있었다.
②신라시대의 집사성(執事省)·조부(調府)·경성주작전·창부(倉府)·예부(禮部) 따위의 관아에 속한 벼슬. 위계는 대사부터 사지까지이다.

옵니다. 소인이 신라를 이길 수 있도록 장군을 돕겠사옵니다."

윤충은 어이가 없다는 표정으로 물었다.

"네가 무슨 이유로 우리를 돕겠다는 것이냐? 너는 신라 백성이 아니더냐?"

"대야성주 김품석이 소인의 아내를 빼앗아 갔습니다. 김품석은 소인의 철천지원수徹天之怨讐입니다. 소인이 원수를 갚을 수 있도록 장군께서 도와주십시오."

검일의 말에 윤충은 웃으며 말했다.

"그것이 우리를 돕겠다는 이유더냐? 좋다, 너의 원수를 우리가 갚아 주마."

"감사합니다."

검일이 고개를 숙였다.

"우리를 어떻게 도울 생각이냐?"

"대야성주 김품석은 장군께서 공격을 하지 않고 식량과 물이 떨어지길 기다릴 것이라고 믿고 있습니다. 하지만 성 안의 창고에는 많은 식량이 준비되어 있습니다. 아마 성을 공격하지 않으면 쉽게 김품석을 이기지 못할 것이옵니다."

"그래, 어떻게 우리를 돕겠다는 것이냐?"

"그래서 곡식을 보관 중인 창고에 불을 지를 것입니다. 그러면 김품석도 오래 버티지 못할 것이옵니다."

"네가 곡식 창고를 불태우고 오면 우리가 공격을 하겠다."

"알겠습니다."

> **철천지원수**
> 하늘에 사무치도록 한이 맺히게 한 원수.

 검일은 윤충과 약속을 한 후에 대야성 안으로 들어왔다.

 검일은 기회를 엿보다가 창고로 갔다. 많은 병사들이 창고 주변을 지키고 있었다. 검일이 다가가자 병사들이 그를 막아섰다.

 "이곳엔 아무도 들이지 말라는 성주님의 명령이 있었습니다."

 "나도 알고 있소. 성주님께서 식량이 얼마나 남았는지 알아보라고 하셔서 온 것이오."

 "예, 알겠습니다."

 병사들은 길을 비켜섰다. 검일은 얼른 창고 안으로 들어갔다. 밖에서 잘 보이지 않는 곳에 불을 붙였다. 그리고 재빨리 나와 문을 닫게 했다.

 "수고들 하시오."

 검일은 태연하게 병사들에게 말을 건넨 뒤 창고를 빠져나왔다.

그리고 얼마 지나지 않아 뒤쪽에서 소리가 들려왔다.

"불이야! 불이야!"

검일은 휘파람을 불며 신라 진영을 떠나 윤충이 머무는 백제군에게로 들어갔다. 윤충은 반갑게 검일을 맞이하였다.

"수고했다. 이제 너의 원수를 갚아 주마."

"감사합니다."

윤충은 곧바로 출전 명령을 내렸다.

"자, 공격하라."

윤충의 명령에 따라 백제군들은 일제히 대야성을 공격하였다. 대야성에서는 곡식 창고의 불을 끄느라 백제군들이 오는 것도 모르고 있었다.

"어서 성벽에 사다리를 대라. 신라군을 격퇴하라!"

윤충의 명령에 백제군들은 하나 둘 성벽을 기어올랐다. 백제군들은 신라군의 저항 없이 성벽을 기어올라 성 안으로 들어갔다.

"백제군이다."

성 안의 사람들이 소리치자 그제야 백제군이 들어왔다는 것을 알고 혼비백산魂飛魄散하였다. 사지 죽죽과 용석이 앞에 나섰다. 그러나 백제군을 막기에는 역부족이었다. 결국 죽죽과 용석은 백제군의 칼날에 쓰러졌다. 백제군이 성문을 열자 물밀듯이 백제 군사들이 들어왔다. 윤충도 함께 들어왔다.

"항복하는 사람들은 모두 살려 주겠다."

윤충의 말에 대야성주 김품석은 고민에 빠졌다.

> **혼비백산**
> 혼백이 어지러이 흩어진다는 뜻으로, 몹시 놀라 넋을 잃음을 이르는 말.

'내가 항복하면 장인께서 어려움에 빠지시는 것은 아닐까? 그렇다고 성 안의 백성들을 모두 죽일 수도 없는 노릇이 아닌가?'

고민에 빠진 김품석에게 부인 길사소랑이 말했다.

"지금에 와서 무슨 고민을 하고 계십니까? 성 안의 백성부터 살리고 봐야지요."

"알았소. 부인의 뜻대로 하지요."

김품석은 성 안의 백성들에게 말했다.

"백제군에게 대항하지 마라. 그들의 말을 따르라."

김품석은 말을 달려 윤충에게로 갔다.

"백성들은 내가 시키는 대로 한 죄밖에 없소. 그러니 우리 백성들을 다치게 하지는 마시오."

"알았소. 그러나 당신이 지은 죗값은 치러야 하지 않겠소?"

"무슨 말인지……."

"당신은 힘없는 백성의 아내를 빼앗았소. 그 죄는 죽어 마땅하오."

김품석은 그제야 고개를 숙였다. 김품석과 길사소랑은 윤충에게 죽임을 당하였다.

서라벌에 있던 김춘추는 대야성이 백제군의 공격을 받는다는 소식에 노심초사勞心焦思하였다. 김춘추는 대문 밖으로 나와 대야성의 소식이 오기를 기다렸다. 그때 멀리서 먼지를 일으키며 달려오는 군사가 보였다.

노심초사
몹시 마음을 쓰며 애를 태움.

"나으리……."

군사는 말을 잇지를 못했다.

"어떻게 되었느냐?"

"성주님 내외분께서 모두 백제군에 의하여 처참하게 돌아가셨습니다."

김춘추의 얼굴이 어두워졌다. 방으로 들어온 김춘추는 문을 걸어 잠근 채 소리 죽여 울었다.

"그래, 내 딸의 원수를 갚아 주마. 길사소랑아, 얼마나 원통하느냐!"

김춘추의 부인이 남편을 위로하였다.

"원수를 갚는다고 하시면서 이렇게 울고만 있으면 어떻게 합니까? 어서 폐하께 말씀을 드려서 방법을 찾아야 하지 않겠습니까?"

문희의 말에 김춘추는 퍼뜩 정신이 들었다. 옷을 갈아입은 김춘추는 곧바로 선덕여왕을 찾았다. 소식을 들은 선덕여왕도 마음이 아팠다.

"어서 오시게. 그대를 어떻게 위로해야 할지 모르겠소. 그러나 짐이 그대의 원수를 꼭 갚아 주겠소."

"황공하옵니다, 폐하. 하지만 지금 우리나라의 힘만으로 백제를 공격하기는 어려운 일이옵니다."

김춘추의 말에 선덕여왕의 얼굴빛이 어두워졌다.

"그건 그렇소. 그러니 어떻게 하면 좋겠소?"

"폐하, 소신을 사신으로 고구려에 보내 주십시오. 고구려에 군사를 청하고자 하옵니다."

고구려라는 말에 선덕여왕은 걱정부터 앞섰다. 고구려의 일인자는 연개소문淵蓋蘇文이었다.

"고구려라? 연개소문을 믿을 수 있을까?"

연개소문은 개금이나 이리가수미로 불리기도 하며, 성은 연씨였다. 할아버지는 연자유이고, 아버지는 연태조로 모두 최고 관리인 막리지를 지낼 정도로 이름난 집안이었다. 연개소문은 성격이 대담하고 키가 크고 힘이 셌다. 아버지가 죽은 뒤에 연개소문이 아버지의 관직을 이어받으려고 했으나 귀족들이 이를 반대하였다.

"연개소문은 성격이 사나워 위험합니다."

"맞습니다. 오히려 그가 힘을 쓰지 못하도록 해야 합니다."

일이 이렇게 되자 연개소문은 일일이 귀족들을 만나 머리를 숙이면서 말했다.

"벼슬에 오르면 임금께 충성을 다하겠습니다. 할아버지와 아버지의 뒤를 잇게 도와주십시오."

연개소문이 머리를 숙이면서 자신을 낮추자, 귀족들은 할 수 없이 허락하여 연개소문은 아버지의 관직을 이어받았다.

연개소문은 당나라가 고구려를 침략하기 위하여 기회를 노리는데, 관리들이 사치스런 생활을 하며 대비를 하지 않자 관리들을 꾸짖었다.

"당나라에서 언제 쳐들어올지 알 수 없는 상황입니다. 언제까지 이렇게 한가하게 술이나 마시면서 지내시렵니까?"

일인자
특정방면에서 가장 뛰어난 사람.

연개소문
고구려의 정치가·장군(?~665). 대대로(大對盧)가 된 후 영류왕을 죽이고 보장왕을 추대하고 스스로 대막리지(大莫離支)가 되어 정권을 장악하였다. 보장왕 3년(644)에 당 태종의 17만 대군을 안시성에서 격파하였다.

> **영류왕**
> 고구려 제27대 왕(?~642). 이름은 건무(建武)·성(成). 중국 당나라와 평화적인 관계를 맺어 수나라의 고구려 원정 때 잡혀간 포로를 찾아왔으며, 도교를 처음으로 받아들였다. 재위 618~642년.
>
> **명분**
> 일을 꾀하는 데에 있어 내세우는 구실이나 이유 따위.

연개소문의 말에 관리들은 불편을 느꼈다. 그래서 영류왕榮留王을 찾아가 연개소문이 위험한 사람이라고 말했다.

"폐하, 연개소문은 욕심이 많은 사람입니다. 지금 연개소문이 자신의 힘을 키우기 위해 사람들을 모으고 있습니다. 그를 내쳐야 합니다."

영류왕은 관리들의 말에 따라 연개소문을 부여성에서 비사성을 잇는 천리장성을 건설하는데 보냈다. 중국은 한반도를 차지하기 위하여 끊임없이 고구려를 침략하였으며, 고구려는 늘 중국의 침략에 대비해야만 했다. 특히 수나라의 군사들이 을지문덕에게 살수에서 크게 패한 후 당나라가 복수해올 것이라고 예상되어 방어를 해야만 했다. 당나라도 서쪽의 고창국을 멸망시키고, 북으로 돌궐의 항복을 받은 후에 당나라 중심의 세계를 만들기 위하여 고구려를 노리고 있었다.

쫓겨나는 신세였지만 나라를 위하는 마음에는 변함이 없던 연개소문은 천리장성을 건설하는데 힘을 기울였다. 연개소문의 격려로 사람들은 밤낮을 가리지 않고 성을 쌓아 16년 만에 완성하였다. 천리장성의 완성으로 고구려는 중국의 침략을 효과적으로 막을 수가 있게 되었다.

연개소문의 세력이 커지는 것을 두려워한 영류왕과 신하들은 연개소문을 죽일 계획을 세웠다. 이것을 미리 안 연개소문은 642년(영류왕 25)에 평양성 남쪽 성 밖으로 군사를 이끌고 가서 천리장성의 건설상황을 보고한다는 명분名分으로 관리들을 불렀다. 그런 다음 군사들은 용감한 전투 훈련 모습을 보여 주는 듯하다가 연개소문이 신호를 내리자 일제히 관리들을 공격하였다. 이에 180명에 이르는 관리들이 죽었다. 연개소문은 왕궁으로 들어가 영류왕을 죽이고 왕의 조카인 보장왕寶藏王을 세웠다. 그리고 연개소문은 스스로 막리지가 되어 나라의 일을 자신의 뜻대로 처리하는 등 큰 힘을 가지게 되었다.

> **보장왕**
> 고구려의 마지막 제28대 왕 (?~682). 이름은 장(藏) 또는 보장(寶藏). 연개소문에 의하여 왕위에 올랐으며, 재위 27년(668) 나·당 연합군의 침공으로 고구려는 망하고 왕은 중국 당나라로 압송되었다. 재위 642~668년.

춘추를 지극히 아끼던 선덕여왕은 임금까지 쫓아내 죽인 연개소문이었기에 걱정이 앞섰던 것이다.

"고구려에 군사를 청하러 그대가 직접 갈 것이오?"

"그러하옵니다."

"연개소문을 믿을 수가 있을까? 그대가 너무 위험하지 않을지 걱정이오."

"폐하의 뜻은 잘 알겠습니다만 소신의 뜻을 거두어 주시옵소서."

선덕여왕은 깊은 생각에 잠긴 듯하였다.

"알겠소."

"성은이 망극하여이다."

선덕여왕은 김춘추가 고구려에 가는 것을 허락하였다. 김춘추는 곧 처남妻男인 김유신을 찾았다. 김유신은 김춘추를 반갑게 맞이하였다.

"그래, 조카들의 문제로 슬픔이 크겠네."

"형님께서 이렇게 염려해 주시는 덕분에 모든 문제가 잘 풀릴 것 같습니다."

"문제가 잘 풀리다니?"

김유신은 의아하게 생각되어 쳐다보았다.

"형님, 이번에 제가 고구려에 다녀올까 합니다."

"고구려라고?"

김유신은 깜짝 놀라며 말했다.

"사위와 딸의 원수를 갚아야 하겠습니다. 고구려의 힘을 빌어 꼭 백제를 멸망시키고 말겠습니다."

"연개소문이 일인자라고 하던데, 포악무도暴惡無道하다고 들었네."

"저도 그 말은 들었습니다만, 진심으로 도움을 요청하면 받아들일 것입니다."

"그래도 나는 자네가 걱정이네."

"그래서 말인데요. 제가 만약 고구려에 가서 돌아오지 않게 되면 가족을 부탁드립니다. 또한 제 사위와 딸의 원수는 물론 저의 원수도 갚아 주십시오."

"그것을 말이라고 하나? 만일 매제妹弟가 큰일을 당한다면 나는 목숨을 걸고 고구려와 백제의 왕을 무찌를 것이네. 정말로 그렇게 못한다면 어찌 조상을 뵈올 수가 있겠는가?"

김유신은 비장한 얼굴로 말했다. 김춘추는 김유신의 말에 감격하여 손을 맞잡았다.

잠시 후 술상이 나왔다. 김유신이 먼저 칼로 자신의 손가락을 그

포악무도
법도 도리도 없이 포악하다는 뜻으로, 사납고 악착하기가 이를 데 없음을 이르는 말.

비장하다
슬프면서도 그 감정을 억눌러 씩씩하고 장하다.

었다. 김유신의 행동을 본 김춘추도 칼로 자신의 손가락을 베었다. 두 사람은 한 사발에 피를 받았다.

"이것은 자네와 나의 결의決意를 다지는 피일세."
"형님이 이렇게 지원해 주시니 절로 힘이 납니다."

두 사람은 사발을 들어 각기 한 모금씩 피를 나누어 마셨다.

다음 날 김춘추는 고구려로 떠나면서 김유신에게 말하였다.

"날짜를 계산해 보니 육십 일이면 돌아올 듯합니다. 만약 이날이 지나도 돌아오지 않으면 다시 만나볼 기약이 없을 것이니 그리 알아 주십시오."

고구려에서는 김춘추가 보통 인물이 아니라는 것을 알고 있었다. 이에 고구려에서는 연개소문까지 나서서 잔치를 여는 등 김춘

> **결의**
> 뜻을 정하여 굳게 마음을 먹음. 또는 그런 마음.

추를 극진히 맞이하였다. 김춘추가 연개소문에게 말했다.

"지금 백제는 고구려와 신라 사이에서 삼국의 평화를 해치고 있사옵니다. 특히 우리나라에 대한 침입이 빈번해서 고구려에 군사를 요청하러 온 것입니다."

신라의 뜻을 안 연개소문은 김춘추를 시험해 보기 위해 질문을 하였다.

"죽령은 본래 우리나라 땅이었는데 진흥왕이 이 땅을 차지해 버렸소. 이 땅을 돌려준다면 요청한 군사를 보내 주겠소."

김춘추는 고구려에서 이러한 요구를 할 줄은 생각하지를 못했다. 잠시 생각한 김춘추가 말했다.

"신은 왕명을 받들어 정식으로 군사를 요청하러 왔는데, 합하閣下께서는 이웃의 어려움을 이용하여 나라의 땅을 빼앗으려 하십니까? 저는 일개 신하로서 합하의 요구는 죽을지언정 전할 수가 없사오며, 구원병을 청하는 일이 저의 임무라 생각되옵니다."

김춘추의 말에 연개소문은 불쾌하였다.

"여봐라, 불손하구나. 저자를 당장 감옥에 가두어라."

그리하여 춘추는 감옥에 갇히는 신세가 되었다. 춘추는 자신이 감옥에 갇힐지도 모른다고 생각하여 청포靑布 삼백 필을 미리 준비하고 있었다. 그리하여 김춘추는 비밀히 임금의 신임이 두터운 신하 선도해에게 주었다. 그러자 선도해는 저녁에 술과 안주를 가지고 왔다. 함께 술을 마시며 분위기가 무르익자 선도해가 말했다.

"그대는 토끼의 간 이야기를 들어본 적이 있소?"

> **합하**
> 정품 벼슬아치를 높여 부르던 말.
>
> **청포**
> 푸른 빛깔의 삼베.

"토끼의 간 이야기라? 들어본 적이 있소이다."

"그 이야기를 다시 한번 되새겨보는 것이 어떨는지?"

춘추는 곰곰이 생각하다가 무릎을 쳤다. 김춘추는 곧 감옥의 감독관에게 요청하여 붓과 종이를 얻어 연개소문에게 보내는 편지를 썼다.

'죽령은 합하의 말씀대로 본래 고구려의 땅입니다. 신이 신라로 돌아가는 대로 우리 임금께 말씀을 드려서 돌려드리도록 하겠습니다. 저의 말을 믿지 못하신다면 저 해를 두고 맹세하겠습니다.'

김춘추의 글을 본 연개소문은 매우 기뻐하였다.

한편 신라에서는 60일이 지나도 김춘추가 돌아오지 않자 걱정이었다. 그래서 김유신은 신라 군사 중 용감한 병사 삼천 명을 가려 뽑았다.

"신라의 사나이라면 나라가 위기에 처했을 때 목숨을 내놓고, 어려운 일을 당했을 때 몸을 돌보지 않는 것이다. 대개 죽음을 두려워하지 않으면 한 사람이 백 사람을 당할 수가 있으며, 열 사람이 죽음을 무릅쓰면 백을 당할 수가 있고, 백 사람이면 천 사람을 당할 수가 있다. 지금 우리나라의 어진 관리가 고구려에 잡혀 있으니, 이를 구하지 못하면 어찌 신라의 대장부라 할 수 있겠느냐?"

김유신의 비장한 말에 군사들은 목소리를 높여 대답하였다.

"나라를 위하는 일에 어찌 목숨을 잃는 것을 두려워하겠습니까?

비장하다
슬프면서도 그 감정을 억눌러 씩씩하고 장하다.

오직 나라를 위한 일이라면 장군의 명령에 따르겠나이다."

김유신은 선덕여왕의 명령을 받고 고구려를 칠 날짜를 정하였다. 신라에서 군사를 일으켜 고구려로 온다는 소식은 신라에 와 있던 고구려 첩자인 덕창을 통하여 연개소문에게 전하여졌다. 연개소문은 제가회의를 소집하였다.

"김춘추를 어찌하면 좋겠소?"

"김춘추가 신라로 가서 땅을 돌려주라고 신라 왕에게 말한다고 하니 풀어 주는 것이 좋은 줄로 아뢰옵니다."

"또한 김유신이 이끄는 신라군도 온다고 하니 풀어 주는 것이 좋을 줄로 아뢰옵니다."

"통촉하시옵소서."

관리들과 귀족들의 의견에 따라 김춘추를 풀어 주었다.

김춘추는 고구려 국경을 넘자마자 자신을 안내하기 위해 따라온 고구려 군사에게 말했다.

"내가 백제에 대한 원한을 풀려고 군사를 청하였던 것인데, 고구려 왕이 허락하지 않고 남의 땅을 달라고 하니, 이것은 신하로서 마음대로 할 일이 아니다. 전번에 합하에게 글을 보낸 것은 죽음을 면하려 한 것이다."

죽음을 면하고 겨우 살아 돌아온 김춘추를 보자 선덕여왕은 신라가 살기 위한 새로운 방법을 찾아야 한다고 생각되었다.

"당나라도 고구려가 껄끄러운 나라일 것입니다. 당나라와 국경을 접하고 있는 고구려이므로 언제 침입을 할까 늘 걱정하고 있다고 들었습니다. 그러므로 당나라와 힘을 합친다면 고구려도 함부로 우리나라를 공격하지는 않을 것이옵니다."

김춘추의 말에 다른 신하들이 고개를 끄덕였다.

선덕여왕은 김춘추의 말을 따르기로 하였다. 그래서 김춘추를 다시 당나라에 사신으로 파견하였다. 김춘추는 당나라 임금인 태종을 만나 도움을 요청하였다.

"폐하, 우리나라가 고구려와 백제의 침공에 어려움에 빠져 있사옵니다. 당나라도 고구려와 국경을 맞대고 있어서 많은 어려움을 겪는 줄로 알고 있사옵니다. 폐하께서 우리나라를 도와주신다면, 고구려가 함부로 당나라에 해로운 일을 하지 못하도록 힘쓸 것이옵니다."

김춘추의 말에 당태종은 크게 만족하였다.

"그대의 뜻을 알았노라. 그대가 요청하면 언제든 군사를 보내 도와줄 것이니, 안심하고 돌아가도록 하라."

"성은이 망극하옵니다."

선덕여왕은 당나라로부터 돌아온 김춘추로부터 기꺼이 도움을 준다는 말을 듣고 기쁨을 감추지 못하였다.

"모든 것이 김춘추의 공이로다."

선덕여왕은 잠시 나라 걱정을 잊으면서 절로 발길을 돌렸다.

| 신라시대 이야기 | 09

옛날에는 남자도 귀걸이를 했다면서요?

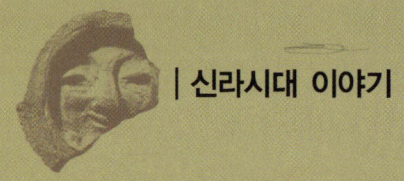

귀걸이는 귀에 거는 장신구의 총칭으로 이식耳飾, 이당耳璫, 이환耳環이라고도 합니다. 원시시대에는 남녀가 모두 착용했는데 주술적인 역할을 하거나 같은 종족을 표시하거나 권위를 상징하기 위해서였습니다. 그러던 것이 차차 장식품의 성격으로 바뀌었습니다.

우리나라 귀걸이의 양식은 낙랑樂浪의 이당에서 비롯되어 고구려를 통해 한국화되고 신라에서 발전, 완성되었다고 볼 수 있습니다.

귀걸이는 귀에 닿는 접이接耳와 밑으로 늘어지는 수식垂飾의 두 부분으로 이루어집니다. 접이의 굵고 가는 것에 따라 태환太環(굵은 고리)과 세환細環(가는 고리)으로 구별되며, 수식은 그 모양에 따라 평면형, 입체형, 혼형 등으로 구분됩니다.

신라 고분에서 발굴된 귀걸이는 그 모양이 매우 다양합니다. 가장 화려한 것으로 국보 제90호인 경주 부부총에서 출토된 '금제태환이식金製太環耳飾'을 꼽습니다. 이 귀걸이는 굵은 태환식 주환主環과 타원형 유환遊環을 끼우고, 그 아래에 조그만 나뭇잎과 펜촉 모양의 장식품을 달았습니다. 주환과 유환 표면에는 귀갑형(龜甲形, 거북이 등딱지 모양과 비슷한 육각형)과 삼화형三花形을 정교하게 세공해 장식했습니다.

    이 같은 귀걸이는 남녀 모두 착용했습니다. 그러나 조선시대에는 유교적인 생활양식을 따르게 되어 귀걸이를 다는 풍속이 유행하지 않았습니다. 오랑캐 풍습이라 하여 귀걸이를 강력하게 비난했을 뿐만 아니라 사용을 금지하였으니까요.
    특히 선조(재위 1567~1608)는 귀걸이를 즐기는 풍습이 없어지지 않고 남아 있다는 보고를 받고 1572년 9월에 다음과 같은 전교를 내렸습니다.

신체 발부身體髮膚는 부모로부터 받았으며,
감히 훼상하지 않는 게 효의 시초라 하였는데,
우리 대소 남아가 귀를 뚫고 이환을 만들어 걸고 있다니……
지금부터 이와 같은 습관을 없애 도록 하라.

    이후 남자들은 귀걸이를 하지 않았으며, 여자들도 귀를 뚫어 거는 고리가 아닌 걸이를 달게 되었습니다.
    그리하여 이때부터 귀걸이를 달고 다니는 유행이 없어졌다가 조선 말기에 이르러 상류층의 여자들이 의식이나 혼례 때에 착용하면서 서서히 부활했다 합니다.
    서양에서는 귀고리를 달면 시력이 회복된다는 말이 있으며, 또 옛날에는 뱃사공들이 물에 빠져 죽지 않게 하는 액막이로도 귀고리를 달았다고 합니다. 그런데 이러한 시력 회복이나 익사 방지의 액막이로서의 효과를 보려면 반드시 귀에 구멍을 뚫어야 했으므로 걸이가 아닌 고리를 착용했을 것으로 생각됩니다.

낙랑   한사군(漢四郡) 가운데 청천강 이남 황해도 자비령 이북 일대에 있던 행정 구역. 기원전 108년에 설치되어 그 뒤 여러 번 변천을 거듭하다가 미천왕 14년(313)에 고구려에 병합되었다.
신체발부   몸과 머리털과 피부라는 뜻으로, 몸 전체를 이르는 말.

10. 황룡사 9층 탑을 세우다

선덕여왕이 가는 길에는 늘 사촌 동생인 승만이 따랐다. 선덕여왕으로서는 가장 믿을 수 있는 신하요, 승만이 곁에 있는 것이 마음이 편했다.

"아우, 나라가 어수선하니 백성들의 마음을 하나로 모으기 위해 불교를 더욱 장려해야 할 것 같군."

"그러하옵니다."

"그럼 불교를 더욱 번창시킬 수 있는 사람이 누굴까?"

"그야 지금 당나라에 가 있는 자장慈藏 율사律師가 아닐까요? 자장율사는 폐하께서도 한 번 나라를 위하여 애쓸 기회를 주려고 하지 않으셨는지요?"

"그랬지. 그런 고집스러운 스님이 지금 부른다고 올까?"

"폐하께서 당나라 황제에게 요청하면 아마 자장율사를 보내줄

자장
신라 때의 중(?590~?658). 속성은 김(金), 이름은 선종(善宗). 신라 10성의 한 사람으로, 당나라에 건너가 계율종을 공부하고 우리나라에 전하였다. 통도사를 짓고 전국 각처에 10여 개의 사탑(寺塔)을 세웠다.

율사
계율에 정통한 중.

것이옵니다."

절에서 돌아온 선덕여왕은 당나라 태종에게 편지를 보냈다.

폐하,
지금 우리나라는 매우 어려운 처지에 놓여 있습니다.
밖으로는 고구려와 백제가 계속하여 침입하고 있으며,
안으로는 언제 침입을 당할지 모르는 두려움에
백성들이 안절부절못하고 있습니다.
이러한 백성들을 안정시키기 위하여 불교를 널리 장려하고자 합니다.
그러기 위해서는 백성들로부터 존경을 받으면서
학식이 뛰어난 스님이 있어야 합니다.
바로 당나라에 가 있는 자장율사입니다.
자장율사는 신라에 꼭 필요한 스님이오니 우리나라로 보내 주시기 바랍니다.

선덕여왕의 편지를 받은 당 태종은 승광사에서 공부하고 있던 자장을 불렀다.

"이제 이곳에서의 공부를 그만하는 것이 어떻겠소?"

"소인은 아직 배울 것이 많사옵니다."

"스님의 나라인 신라의 임금이 그대의 귀국을 간절히 원하고 있소이다."

자장은 신라에서 자신의 귀국을 원한다는 말에 깜짝 놀랐다. 자장이 당나라에 공부하러 오기 전에도 선덕여왕이 부른 적이 있었다. 자장은 원래 진골 출신으로 성은 김씨이고, 이름은 선종이었다. 아버지는 소판 무림으로 오랫동안 자식이 없다가 자장의 부모가 관음보살에게 기도하여 4월 초파일에 태어났다. 그러나 일찍이 부모가 모두 세상을 떠나자 절에 들어가 공부를 시작하였다. 자장의 이름이 신라에 널리 알려지던 25세 때, 선덕여왕이 자장을 찾았던 것이다. 그때 자장은 이렇게 말했다.

"소인은 하루를 살더라도 부처님의 말씀을 지키다 죽을지언정, 백 년을 산다 한들 부처님의 말씀을 깨뜨리며 살고 싶지는 않사옵니다."

자장의 단호한 말에 선덕여왕도 그의 뜻을 꺾을 수가 없었다. 자장은 선덕여왕의 제안을 거절하는 것이 어렵다는 것을 알고 곧바로 당나라로 공부하러 왔던 것이다.

당태종은 다시 한번 자장에게 말했다.

"그대의 나라가 굉장히 어려운 모양이오. 어서 가서 어려운 나라에 그대의 힘을 보태시오."

"폐하의 뜻대로 하겠사옵니다."

자장은 더 이상 선덕여왕의 뜻을 거절할 수가 없었.

마침내 당나라에서 공부하고 있던 자장이 돌아왔다.

"어서 오십시오. 당나라에서 공부하느라 고생이 많으셨지요?"

"아니옵니다. 나라가 이토록 어려운데 저 혼자 공부하겠다고 우긴 것이 송구하옵니다."

"그래서 말입니다. 지금의 이 어려움을 극복할 좋은 방법이 없겠습니까?"

"폐하, 불교를 나라의 기틀로 삼아 국민들을 하나로 뭉칠 수 있게 하시옵고, 용궁 남쪽 황룡사皇龍寺에 9층 탑을 세운다면 이웃 나라의 재앙을 진압할 수 있을 것이옵니다. 제1층은 일본, 제2층은 중화, 제3층은 오월, 제4층은 탁라, 제5층은 응유, 제6층은 말갈, 제7층은 단국, 제8층은 여적, 제9층은 예맥의 침입을 막으며, 다른 변방 국가가 조공을 할 것이옵니다."

"황룡사 9층 탑을 세우자고요?"

"그렇사옵니다."

"나라가 어려운데 어찌……."

선덕여왕은 말을 잇지를 못하였다. 그러자 자장이 말을 이었다.

"대왕마마, 어지러울 때일수록 나라의 구심점求心點이 필요합니다. 바로 황룡사 9층 탑이 구심점이 되어 국민들을 불안에서 벗어나게 하고, 고구려와 백제의 침입을 막을 수 있을 것이옵니다."

"알았소."

"그런데 우리나라의 기술로 그만한 탑을 세울 수가 있을지 그것이 의문입니다."

그러면서 자장도 고개를 갸웃하였다. 옆에서 두 사람의 대화를 듣고 있던 김춘추가 말했다.

"아마도 이웃 나라인 백제에 탑을 쌓는 뛰어난 기술자가 있을 것이옵니다."

> **황룡사**
> 경상북도 경주에 있던 절. 신라 진흥왕 때에 착공하여 선덕여왕 14년(645)에 완성한 것으로, 신라 호국 신앙의 중심지였다. 고려 고종 때에 몽골군의 침입으로 소실되어 지금은 터만 남아 있다.
>
> **구심점**
> 중심적 역할을 하는 사람·단체·사상 등을 비유적으로 이르는 말.

"백제에요? 그런데 백제의 침입을 막고자 만드는 탑을 백제 사람이 와서 만들까요?"

"예술을 하는 사람은 자신의 재능을 알아주는 곳은 나라와 상관없이 일을 한다고 들었습니다. 너무 걱정을 하지 않으셔도 되리라 생각하옵니다."

김춘추의 말에 선덕여왕은 안심을 하는 듯 얼굴에 환한 미소를 지었다.

"백제 사람으로 누가 좋겠소?"

"아비지阿非知라는 사람이 있습니다."

"아비지라? 그럼 어서 백제로 사람을 보내 아비지를 데려오도록 하시오."

"분부대로 거행하겠사옵니다."

선덕여왕의 명령을 받은 사신에 의하여 아비지가 서라벌로 왔다. 선덕여왕은 김춘추의 아버지인 김용춘을 황룡사 9층 탑을 세우는 책임자로 임명하였다.

서라벌로 온 아비지는 넓은 규모의 황룡사에 매우 놀라워했다. 아비지는 신라의 불교에 대한 깊은 관심에 감명을 받고 열심히 탑을 만들기로 했다. 그 결과 기초 공사가 끝나 다음날이면 탑의 중심인 기둥을 세우는 날이었다. 아비지는 부푼 마음을 안고 잠이 들었다.

"신라군이다!"

> **아비지**
> 백제의 공인(工人)(?~?). 신라의 초청으로 선덕여왕 12년(643)에 신라에 가서 황룡사 9층 목탑을 세웠다.

"어서 신라군을 맞아 싸우라."

백제군은 갑자기 쳐들어온 신라군을 맞아 싸웠지만 힘이 부족하였다. 백제군은 물러나면서 서서히 사비성으로 후퇴하였다. 사비성에는 백제의 임금이 있어 걱정이었다.

"이제 임금마저 신라군에게……."

상상조차 하기 싫은 일이었다. 아비지도 임금을 지키기 위해 몸을 던졌다. 하지만 신라군의 공격은 끝없이 이어졌다. 아비지는 소리쳤다.

"아, 안 돼!"

그때 누군가 아비지를 흔들어 깨웠다.

"이보시오, 무슨 일이시오?"

아비지는 잠에서 깨어났지만 등에는 식은땀이 흐르고 있었다.

'이 탑을 만들면 우리 조국인 백제가 멸망한다는 소리가 아닌가?'

아비지는 걱정이 생겼다. 황룡사 9층 탑을 계속 만들어야 하는지, 아니면 그만두고 백제로 돌아가야 하는지 고민스러웠다.

'나의 조국 백제를 지켜야 한다.'

아비지는 결심을 하고 짐을 정리하기 시작하였다. 이때 갑자기 땅이 진동하고 흔들리는 가운데 한 나이 많은 스님과 몸집이 굉장히 큰 장사가 금전문에서 나오더니 황룡사 9층 탑의 중심기둥을 세운 후 어디론가 사라졌다. 아비지는 눈을 비볐다.

"내가 무엇을 본 거지? 이 탑이 보통 탑은 아닌 모양이야. 그러니 이러한 환상이 보이는 것이야. 이 탑은 부처님의 힘으로 쌓는 탑이다. 그리고 이 일은 나만이 할 수 있는 거야."

짐을 정리하던 아비지는 짐을 풀고 다시 탑을 세우는 일에 몰두하였다.

이리하여 황룡사 9층 탑은 세운 지 2년 만인 선덕여왕 13년(645)에 드디어 완성되었다. 황룡사 9층 탑의 높이는 탑신부 약 65 미터, 상륜부 15 미터로 전체 80 미터에 이르렀다. 자장은 자신이 당나라에서 가져온 부처님의 진신사리를 탑 속에 넣었다.

선덕여왕은 황룡사 9층 탑이 완성되자 기쁨을 감추지 못했다.

"이제 우리 신라를 부처님께서 돌보아 주실 것이오. 만백성들은 모두 힘을 합쳐 신라를 더욱 번성한 나라로 만듭시다."

"신라 만세, 여왕 폐하 만세!"

관리들과 백성들은 모두 두 손을 높이 쳐들었다. 그러나 선덕여왕은 무언가 아쉽다는 듯 말했다.

"이 탑의 한쪽 벽에 소나무 그림을 그리면 훨씬 아늑하지 않을까요?"

선덕여왕의 말에 관리들은 고개를 끄덕였다. 황룡사 9층 탑을 세운 용춘이 나섰다.

"그럼 솔거奉居로 하여금 그리게 하겠사옵니다."

"솔거라, 그의 그림이라면 분명 황룡사 9층 탑이 더욱 빛날 것이오."

> **솔거**
> 신라 진흥왕 때의 화가 (?~?). 황룡사의 벽화 〈노송도〉와 분황사의 〈관음보살〉, 진주 단속사의 〈유마거사상〉 등을 그렸으나 지금은 전하지 않는다.

"성은이 망극하옵니다."

용춘은 솔거에게 명하여 황룡사 9층 탑의 벽에 소나무를 그리게 하였다.

황룡사를 찾은 사람들은 황룡사 9층 탑을 보고 감동을 하고, 다시 솔거의 소나무 그림에 감탄하였다. 솔거의 그림이 얼마나 사실적이었는지 새가 소나무 가지에 앉으려다가 벽에 부딪혀 죽었을 정도라고 한다. 황룡사 9층 탑은 고려시대 몽고의 침략이 있던 1238년에 불에 타서 귀중한 문화재가 자취를 감추게 되었다.

| 신라시대 이야기 | 10

탑을 왜 나무로 만들었을까요?

　석가모니釋迦牟尼 부처님은 고통받는 백성들에게 널리 자비 사상을 가르치고 80세를 일기로 열반涅槃에 들었습니다. 열반 후에 다비식茶毘式을 거쳐 사리를 부처님과 관계 있는 8부족에게 나누어 봉안한 곳이 바로 탑입니다. 아소카Asoka왕은 이 사리를 가루로 8만 4천과를 만들었습니다.

　헬레니즘Hellenism 미술이 전래되기 전에는 탑이 불교의 경배 대상이었습니다. 왜냐하면 탑을 만들 때 부처님의 사리를 비롯한 각종 불교 장구를 넣어 만들었기 때문입니다. 그리하여 불교 신자들은 탑을 향해 자신의 원을 빌며 탑돌이를 하였습니다.

　우리나라는 초기에 나무로 목조탑을 만들었습니다. 신라의 황룡사 9층 탑은 목조탑의 대표적인 예입니다. 황룡사 9층 탑은 신라 선덕여왕 13년(645)에 건립을 시작하여 높이 88 미터로 완성한 목조탑으로 탑을 9층으로 한 것은 《삼국유사》에 의하면 '신라 제27대 임금인 선덕여왕이 덕을 갖추었으나 위엄이 없어서 아홉 곳에서 외적이 침략하는데, 만일 용궁 남쪽 황룡사에 9층 탑을 세운다면 이웃 나라의 재앙을 진압할 수 있을 것이다.'라고 한 것에서 외적을 막기 위함이 목적이었음을 알 수가 있습니다. 황룡사 9층 탑은 고종 25년(1238)에 몽골족의 침입을 받으면서 불에 탔습니다.

　이처럼 목조탑은 불과 비바람에 약한 단점과 많은 비용이 들었으므로 불교가 정착되

미륵사지 석탑

정림사지 5층 석탑

분황사 9층 석탑

다보탑

면서 화강암을 사용하여 돌로 탑을 만들게 하였습니다. 백제는 처음에는 목탑을 본떠서 만들었습니다. 무왕 때 만들어진 익산의 미륵사지 석탑은 목탑 양식의 석탑을 잘 보여 주는 대표적인 탑입니다. 또한 부여 읍내 중심부에 위치한 정림사지의 한가운데 위치한 5층 석탑도 목탑 양식의 석탑입니다. 석탑의 탑신부는 대개 하나의 돌로 구성되어 있지만 이 탑은 149매의 돌로 구성되어 있습니다. 처마를 꺾어 하늘로 올라가게 한 것도 목탑 양식을 보여 주는 것입니다. 정림사지 5층 석탑은 소정방蘇定方이 백제를 정벌하고 세운 탑이라고 하여 '평제탑'이라 알려졌지만, 고려시대 절을 중건하면서 정림사라는 글귀가 나와 '정림사지탑'으로 밝혀졌습니다. 높이는 8.33 미터입니다.

신라에서는 석탑으로 가는 과정에 벽돌로 탑을 만들기도 하였습니다. 바로 분황사 9층 석탑입니다. 이 탑은 지금 3층만이 남아 있습니다. 통일신라에 만들어진 다보탑도 목탑 양식의 석탑입니다. 큰 돌을 가공하는 것보다 작은 돌을 여러 개 가공하는 것이 쉬웠기 때문에 목탑 양식의 석탑을 만든 것입니다.

8세기 이후에는 우리나라 고유의 석탑으로 발달하였습니다. 이때의 석탑은 대개 사각이나 팔각인데, 사각은 불교의 사성제四聖諦를, 팔각은 불교의 팔정도八正道를 나타내고 있습니다. 사성제는 불교에서 말하는 영원히 변하지 않는 네 가지 진리를 말하는 것이고, 팔정도는 깨달음과 열반으로 이끄는 올바른 여덟 가지 길을 가리키는 말입니다.

석가모니 불교의 개조. 과거칠불의 일곱째 부처로, 세계 4대 성인의 한 사람이다. 기원전 624년에 지금의 네팔 지방의 카필라바스투 성에서 슈도다나와 마야 부인의 아들로 태어났으며, 29세 때에 출가하여 35세에 득도하였다. 그 후 녹야원에서 다섯 수행자를 교화하는 것을 시작으로 교단을 성립하였다. 45년 동안 인도 각지를 다니며 포교하다가 80세에 입적하였다.

열반 모든 번뇌의 얽매임에서 벗어나고, 진리를 깨달아 불생불멸의 법을 체득한 경지. 불교의 궁극적인 실천 목적이다. =죽음

다비식 시체를 화장하여 그 유골을 거두는 의식.

아소카 왕 인도 마가다국 마우리아 왕조의 제3대 왕(?~?). 찬드라굽타의 손자로, 인도 최초의 통일 왕국을 세워서 불교를 보호한 이상적인 왕으로 많은 설화를 남겼다. 재위 기간은 기원전 268~기원전 232년.

헬레니즘 기원전 334년 알렉산더 대왕의 동방 원정에서부터 기원전 30년 로마의 이집트 병합 때까지 그리스와 오리엔트가 서로 영향을 주고받음으로써 생긴 역사적 현상. 세계 시민주의·개인주의적 경향과 자연과학이 발달하였다.

소정방 중국 당나라의 장군(595~ 667). 이름은 열(烈), 정방은 자(字). 현경(顯慶) 5년(660)에 나·당 연합군의 대총관으로서 13만의 당군을 거느리고 백제의 사비성을 함락시키고, 의자왕과 태자 융(隆)을 사로잡았다. 661년에는 평양성을 포위하였으나 실패하였다.

11. 반란을 진압하다

　세월이 흐르자 선덕여왕은 몸 이곳저곳이 아파왔다. 몸이 약해질수록 선덕여왕은 자신의 뒤를 이어 임금이 될 사람을 생각하였다.
　'이제 아버지와 어머니가 모두 왕족인 성골은 승만밖에 없지 않은가? 그렇다면 승만을 임금으로 삼아야 할 텐데…….'
　그러나 승만을 지원해 줄 만한 사람이 많지 않았다. 선덕여왕으로서는 승만과 함께 해 줄 사람이 없다는 것이 늘 마음에 걸렸다. 선덕여왕은 김춘추와 김유신을 불렀다.
　"과인이 이제 나이가 많아서 짐의 뒤를 이어받을 국본國本을 세워야 할 것 같은데, 그대들의 생각은 어떠하오?"
　김춘추와 김유신은 국본이라는 말에 눈을 크게 떴다. 선덕여왕의 뒤를 이어받을 국본이라면 한 사람밖에 없다고 생각하고 있던 중이었다.

국본
=왕세자

"폐하, 무슨 말씀이신지요? 국본이라 하셨습니까?"

"그렇소. 짐의 몸이 예전 같지가 않소이다."

"국본이 되실 분은 오직 한 분밖에 안 계시지 않습니까?"

"그러하옵니다. 승만 공주님이 유일한 후계자이십니다."

"승만 공주를 국본으로 세우는데, 그대들의 도움이 필요해서 부른 것이라오."

선덕여왕은 잠시 생각을 한 후에 말문을 열었다.

"승만 공주가 임금이 되었을 때 옆에서 도와줄 사람이 필요하오. 사실 승만 공주는 아직 많은 것을 공부해야만 하오. 그러니 두 분이 많은 힘을 보태 주기를 부탁드리오."

김춘추와 김유신은 함께 대답하였다.

"모든 마음을 다하여 승만 공주님을 모시겠나이다."

"고맙소."

선덕여왕은 김춘추와 김유신이 흔쾌히 승만 공주를 도와준다는 소리에 기쁨을 감추지 못했다. 선덕여왕은 곧바로 화백회의를 소집하였다.

흔쾌하다
기쁘고 유쾌하다.

"오늘 여러분을 모이시라 한 것은 짐의 뒤를 이어 임금이 될 국본을 세우려 하기 때문입니다."

국본을 세운다는 말에 화백회의에 참석한 관리들이 술렁거렸다.

"자! 자!"

선덕여왕이 관리들의 술렁거림을 손을 들어 막았다.

"짐의 뒤를 이어 임금이 될 국본으로 승만 공주를 지명하려고 합니다. 여러분들이 승만 공주를 도와 우리 신라를 더욱 발전시키길 바랍니다."

"분부대로 거행하겠사옵니다."

화백회의를 마치고 나오는데 상대등 비담比曇이 앞서가던 명활성주인 염종廉宗을 불러 세웠다.

"염종, 폐하의 말씀을 어떻게 생각하는가?"

염종도 선덕여왕의 명령에 불만이 많은 듯 얼굴이 붉게 상기되어 있었다.

"말이 안 된다고 생각합니다. 어찌하여 이 나라는 계속 여자가 임금이 된다는 것입니까?"

비담은 입에 손가락을 갖다 대면서 말했다.

"이보게, 너무 흥분하지 말게. 다른 사람이 듣기라도 하면 어쩌려고 그러는가?"

그제야 염종은 주위를 살펴보았다. 다행히도 관리들은 선덕여왕의 명령에 대해 삼삼오오三三五五 짝을 지어 이야기를 나누느라 듣지 못한 듯했다.

"상대등께서는 어떻게 하실 계획이신가요?"

비담은 염종의 팔을 끌어 다른 사람이 보이지 않는 곳으로 갔다.

"지금 고구려나 백제에서 우리나라를 얕보고 있다네. 그 이유가 무엇이라고 생각하나?"

"그것은……."

"얼마 전에 당나라에 사신으로 갔다가 온 사람들이 하는 소리를

> **염종**
> 신라 선덕여왕 때의 반란자(?~?). 명활성(明活城)을 거점으로 난을 일으켰으나 김유신에게 패하여 죽었다.
>
> **삼삼오오**
> 서너 사람 또는 대여섯 사람이 떼를 지어 다니거나 무슨 일을 함. 또는 그런 모양을 가리킴.

듣지 못했는가? 그들의 말에 의하면 당나라에서도 여자가 나라를 다스리기 때문에 우리나라가 이 모양이라고 얕보는 모양일세."

"그렇군요. 그렇다면 고구려나 백제가 우리나라를 얕보는 것도 여자가 임금이기 때문이군요."

"그렇다네. 그런데 또 다음 임금을 여자로 할 수는 없지 않은가?"

"맞습니다. 그럼 다음 임금은 누가?"

염종의 말에 비담은 잠시 머뭇거리며 기침을 하였다. 그러자 염종은 알았다는 듯이 말했다.

"상대등께서 임금의 보위寶位에 오르신다는 말씀이군요."

"내가 임금이 되면 그대를 상대등으로 임명하여 나라를 이끌게 할 것이네."

"알겠습니다. 온몸을 바쳐 상대등, 아니 폐하를 모시겠나이다."

비담은 염종의 손을 잡았다.

"고맙네. 자네가 도와준다면 나는 천군만마千軍萬馬를 얻은 것이나 다름없네."

"그러면 오늘부터 제가 이끄는 명활성에서 군사들을 훈련시키겠습니다."

"오늘부터?"

비담이 놀라며 말하자, 염종은 결심이 선 듯 말했다.

"쇠뿔도 단김에 빼라고 하지 않았습니까? 무슨 일이든 빠를수록 좋은 것이 아니겠습니까?"

보위
=왕위(王位)

천군만마
천 명의 군사와 만 마리의 군마라는 뜻으로, 매우 많은 수의 군사와 군마를 이르는 말.

쇠뿔도 단김에 빼라
든든히 박힌 소의 뿔을 뽑으려면 불로 달구어 놓은 김에 해치워야 한다는 뜻으로, 어떤 일이든지 하려고 생각했으면 한창 열이 올랐을 때 망설이지 말고 곧 행동으로 옮기라는 뜻의 말.

> **구상**
> 앞으로 이루려는 일에 대하여 그 일의 내용이나 규모, 실현 방법 등을 어떻게 정할 것인지 이리저리 생각함. 또는 그 생각.
>
> **승승장구**
> 싸움에 이긴 형세를 타고 계속 몰아침.
>
> **편전**
> 임금이 업무를 보는 장소.

"알겠네. 그럼 나는 그대만 믿고 오늘부터 앞으로 신라를 어떻게 이끌지 구상構想하겠네."

"준비가 끝나는 대로 상대등께 연락을 드리겠습니다."

선덕여왕 16년(647) 1월, 비담과 염종이 군사들 앞에 서서 연설을 시작했다.

"우리나라가 고구려나 백제보다 약할 이유가 무엇이냐? 우리나라가 진흥왕 때에는 고구려나 백제를 곤경에 빠뜨리고 승승장구乘勝長驅했었다."

비담의 말에 명활성에 모인 군사들은 숨을 죽였다.

"우리가 오늘 모인 것은 고구려나 백제를 이기기 위함이다. 고구려나 백제가 우리나라를 얕보는 것은 임금이 여자이기 때문이다. 새로운 남자 임금을 세워 고구려나 백제보다 강한 나라로 만들자."

고구려나 백제의 침입에 시달렸던 신라 사람들이었기에 비담의 말에 모두 고개를 끄덕였다.

"우리 모두 힘을 합쳐 신라의 번영을 되찾자!"

비담의 말에 군사들은 함성으로 대답했다.

"와! 와! 와!"

비담과 염종은 군사를 이끌고 서라벌과 가까운 월성으로 갔다. 비담과 염종이 군사를 이끌고 반란을 일으켰다는 소식에 선덕여왕은 당황하였다. 그래서 김춘추와 김유신을 급히 궁궐로 불렀다. 김춘추와 김유신이 편전便殿으로 들어서자 선덕여왕의 얼굴이 굳어 있었다.

"비담과 염종이 반역을 꾀하여 군사를 일으켰다고 하오. 이를 어떻게 하면 좋겠소?"

선덕여왕의 말이 끝나자마자 김유신이 대답했다.

"폐하, 너무 걱정하지 마시옵소서!"

"걱정을 말라니, 무슨 소리요?"

"소인이 비담과 염종의 세력을 한 놈도 남김없이 처리하겠사옵니다."

김유신의 말에 선덕여왕은 안심이 된다는 듯 얼굴에 미소를 지었다.

"소인이 화랑 죽지, 진춘, 천존 등을 이끌고 월성을 굳게 지키면서 비담과 염종의 반역군을 토벌하겠사옵니다."

"폐하, 김유신 장군을 믿으셔도 되옵니다."

"그럼 김 장군만 믿겠소."

"황공하옵니다. 온몸을 바쳐 반란군을 진압하겠사옵니다."

편전에서 물러나온 김춘추가 김유신에게 말했다.

"형님, 정말 자신 있으세요?"

"그야 물론이라네. 그대는 열심히 응원이나 해 주게."

"알겠습니다. 제가 필요하면 언제라도 말씀을 해 주십시오."

"고맙네."

김유신은 곧 화랑을 중심으로 한 반란군 토벌대를 조직하였다.

"우리는 여왕 폐하를 지켜드려야 한다. 지금 여왕 폐하께 반역을 꿈꾸는 놈들이 이곳으로 오고 있다. 다 같이 목숨을 걸고 반역자들을 처단하자!"

"죽는 한이 있더라도 반역자들을 한 놈도 남김없이 처벌하겠습니다."

죽지가 큰 소리로 대답했다. 군사들도 함성을 지르며 다짐을 하였다.

비담이 이끄는 반란군은 월성 가까이 와서 성 안의 움직임을 관찰하였다. 비담이 직접 성 밑으로 가서 성벽에 사다리를 걸치려고 하였다. 그러자 월성에서는 화살이 빗발치듯 날아왔다. 비담은 하는 수없이 군사들을 물러나게 하였다.

다시 얼마의 시간이 흐른 후 비담은 성벽에 사다리를 걸치게 하였다. 월성에서는 지쳤는지 이번에는 비담이 이끄는 군사들에게 공격을 하지 않았다.

"김유신이 이끄는 군사들이 모두 지쳤나 보구나. 모두 힘을 합쳐 월성을 점령하고 여우 같은 임금을 없애도록 하자."

비담이 소리치자 사기가 오른 반란군들이 너도나도 월성으로 올랐다. 이때 갑자기 성벽 위에서 뜨거운 물이 쏟아졌다. 반란군들은 사다리에서 떨어져 바닥에 나뒹굴었다. 김유신이 맨 앞에 서서 군사들을 격려했다.

"자, 어서 성벽을 오르는 반역군들을 쳐부수자. 바닥에 나뒹굴고 있는 저놈들을 살려두어서는 아니 되느니라."

"와아!"

신라군의 저항이 거세지자 비담은 후퇴를 명령했다.

"물러나라!"

비담의 명령에 따라 반란군은 월성에서 물러섰다.

김유신이 이끄는 신라군과 비담이 이끄는 반란군은 막상막하莫上莫下였다. 그런데 한밤중에 별똥별이 김유신이 이끄는 신라군 쪽으로 떨어졌다. 이에 신라군들은 흔들리기 시작하였다.

"이것은 우리가 패할 징조야."

"그래, 맞아!"

군사들이 혼란에 빠지자 죽지가 김유신에게 다가왔다.

"장군, 이를 어찌하면 좋겠습니까?"

"무슨 일로 이렇게 군사들이 우왕좌왕右往左往합니까?"

"지금 별똥별이 우리 진영으로 떨어져 군사들이 반란군에게 질 것이라는 소문이 나서 그렇습니다."

그러자 김유신은 웃음을 지었다.

"그것을 우리가 역이용하면 되지 않겠느냐?"

"역이용하다니요?"

"전쟁이란 군사의 숫자에 의하여 이기고 지는 것이 아니라네. 바로 적들을 정신적으로 이길 수 있는 계책計策이 필요한 것일세."

죽지는 궁금하였다.

"죽지, 자네는 얼른 연을 준비하도록 하게."

"연이라니요?"

죽지는 의아스러운 표정으로 김유신을 쳐다보았다.

막상막하
더 낫고 더 못함의 차이가 거의 없음.

우왕좌왕
이리저리 왔다 갔다 하며 일이나 나아가는 방향을 종잡지 못하는 모양.

역이용하다
어떤 목적을 위하여 쓰던 사물이나 일을 그 반대의 목적에 이용함.

계책
어떤 일을 이루기 위하여 꾀나 방법을 생각해 냄. 또는 그 꾀나 방법.

"연을 만들고 나면 그 이유를 알 것이네."

김유신의 말에 죽지는 더 이상 묻지 못했다. 죽지는 부하들을 재촉하여 연을 만들었다. 김유신은 죽지에게 가까이 오라고 손짓을 하였다.

"자네는 한밤중에 연에 불을 붙여 반란군 쪽으로 날려 보내게."

그제야 죽지는 고개를 끄덕였다.

김유신의 처소에서 물러나온 죽지는 밤이 되기를 기다렸다. 밤이 되자 하늘에는 별들이 반짝였다. 바람도 반란군을 향해 불고 있었다.

죽지는 진춘을 불렀다.

"진춘, 이것은 자네와 나만의 비밀일세."

"무슨 일인가?"

"내가 조금 있다가 연에 불을 붙여 반란군 쪽으로 날려 보낼 것이네. 그러면 자네가 큰 소리로 별똥별이 반란군 쪽으로 날아간다고 소리치게."

진춘은 곧바로 죽지의 뜻을 알아차렸다.

"별똥별 때문에 그러는 것이군. 그럼 일부러 군사들을 모아 야간 훈련을 시켜야겠네. 그럼 군사들 사이에 소문도 금방 날 테니."

"바로 그거야. 역시 자네의 머리는 알아주어야겠군."

진춘과 헤어진 죽지는 월성에서 가장 높은 곳으로 연을 가지고 올라갔다. 그리고 연에 불을 붙여 반란군 쪽으로 날려 보냈.

죽지와 헤어진 진춘은 바로 군사들을 모아놓고 훈련을 하였다. 이때 멀리서 불꽃이 하늘로 날아가는 모습이 보였다. 진춘이 소리쳤다.

"별똥별이 반란군에게로 간다."

그러자 훈련을 받던 군사들이 모두 환호성을 질렀다.

"별똥별이다."

"이제 반란군을 무찌를 수가 있다."

"여왕 폐하, 만세!"

군사들의 사기가 되살아났다고 생각한 김유신은 곧바로 성문을 열고 반란군을 습격하였다.

"한 놈도 남김없이 처벌하라."

"와! 와! 와!"

신라 군사들은 앞을 다투어 성문을 열고 나갔다. 김유신은 반란군을 향하여 소리쳤다.

"이놈들아, 올 때는 너희 마음대로 왔지만 갈 때는 내 허락을 받고 가야 한다. 지옥문을 열어 놨으니 그리로 가라!"

신라 군사의 갑작스런 공격으로 반란군은 혼란에 빠졌다. 반란군들이 신라 군사들을 막아보려 하였지만 사기가 오른 신라 군사들을 제대로 보지도 못하고 쓰러졌다. 김유신은 재빨리 비담과 염종을 체포하였다. 비담과 염종이 신라군에게 잡히는 몸이 되자 반란군은 모두 무기를 버리고 무릎을 꿇었다. 김유신은 반란에 참여한 정도를 따져 가벼운 죄를 지은 사람들은 모두 풀어 주었다. 그리고 비담과 염종을 선덕여왕에게로 끌고 갔다.

"폐하, 반란을 일으킨 비담과 염종입니다."

"이자들을 모두 사형에 처하라. 그리고 나머지 죄수들은 김유신 장군의 뜻대로 처리하라."

"분부대로 거행하겠사옵니다."

선덕여왕의 명령을 받은 김유신은 비담과 염종, 그리고 그 가족들을 모두 처형하였다. 선덕여왕은 비담의 난을 진압하는데 큰 공을 세운 김유신을 대장군으로 임명하였다.

| 신라시대 이야기 | 11

옛날에는 연鳶이 장난감이 아닌 군사 장비로 사용되었다면서요?

연은 종잇조각에 가는 대쪽을 가로와 세로 또는 모로 엇걸리게 붙이고, 실로 벌여 매는 줄인 벌이줄을 매어 공중에 날리는 장난감입니다. 이 연날리기는 세계 각국에 광범위하게 분포되어 있고, 특히 한국·일본·중국 등 동양에서 많이 하고 있습니다.

연의 역사는 BC 400년대에 그리스의 알투스라는 사람이 처음으로 만들었다는 기록이 있으며, 중국에서는 송나라 때 고승高丞이 지은 《사물기원事物記原》에 의하면, BC 200년경 한신韓信이 군사적인 목적에서 연을 만들었다는 기록이 있습니다.

그러므로 옛날에 연은 전쟁이 일어났을 때 통신 수단과 군사 무기로 사용하려는 목적에서 만들어졌음을 알 수 있습니다.

우리나라에서 연에 대한 최초의 기록은 《삼국사기》에 나와 있습니다.

신라 28대 진덕여왕 1년(647)에 비담과 염종이 반란을 일으켜 김유신이 이들의 토벌을 담당하게 되었다. 어느 날 하늘에서 큰 별이 월성月城 가에 떨어지는 것을 보고, 백성들은 이것을 여왕이 패할 징조라 하여, 큰 화가 생길 것을 두려워하는 등 군사들의 사기가 크게 떨어졌다. 이에 김유신은 꾀를 내어 큰 연을 만들어 밤에 남몰래 불을 붙여 공중에 높이 띄우고, 군사들에게 전날 떨어진 별이 다시 하늘로 올라갔으니 여왕이

크게 승리할 것이라 선전했다. 이후에 백성들은 안정을 되찾고 군사들은 사기가 왕성해져서 싸움에 크게 이겼다고 한다.

    이것을 보더라도 신라시대 중기 이후에 이미 연이 있었음을 알 수 있습니다.
    또한 삼국시대에 전쟁이 일어났을 때, 자기네 진지끼리 통신 연락을 하는 데 연을 사용했다고 합니다.
    고려시대에는 최영崔瑩이 몽골 인들의 반란을 평정할 때에 큰 연을 아주 많이 만들어, 불을 달아매어 날려 적의 진지를 불살랐다고 합니다.
    이렇게 전쟁이 일어날 때에 중요한 통신 수단 및 무기였던 연이, 장난감으로 널리 보급된 것은 조선시대 영조英祖에 들어서입니다. 영조는 백성들의 연날리기를 즐겨 구경하고 장려했다고 합니다. 이때부터 연이 민간에 널리 전파되었던 것입니다.
    이러한 연날리기는 대개 정월 초하루부터 보름날까지 사이에 하며, 보름날에는 액막이용으로 연실을 모두 풀어 연을 하늘 높이 날려 올려 보냈습니다. 그럼으로써 한 해의 건강과 안녕을 빌기도 했으니, 그 기능이 다양했다고 할 수 있습니다.

사물기원 중국 송나라의 고승(高丞)이 편찬한 유서(類書). 천지, 산천, 조수(鳥獸), 초목, 음양, 예악, 제도를 〈천지생식부(天地生植部)〉, 〈정삭역수부(正朔曆數部)〉, 〈제왕후비부(帝王后妃部)〉 등의 55부(部)로 나누어 사물의 유래를 상세히 설명하였다. 원본은 20권 217사(事)이며, 오늘날 전하는 것은 후세 사람이 10권 1,765사를 모아서 기록한 것이다.

한신 중국 전한의 무장(武將)(? BC ~BC 196). 한(漢) 고조를 도와 조(趙)·위(魏)·연(燕)·제(齊)나라를 멸망시키고 항우를 공격하여 큰 공을 세웠다. 한나라가 통일된 후 초왕에 봉하여졌으나, 여후에게 살해되었다.

최영 고려 말기의 명장·재상(1316~1388). 친원파(親元派)로서 1388년에 팔도(八道) 도통사가 되어 명나라를 치러 출정하였으나 이성계의 회군(回軍)으로 실패하고 후에 그에게 피살되었다.

영조 조선 제21대 왕(1694~1776). 이름은 금(昑), 자는 광숙(光叔), 호는 양성헌(養性軒). 탕평책을 써서 당쟁 제거에 힘썼고, 균역법의 시행, 신문고의 부활, 《동국문헌비고》 등의 편찬 등 많은 업적을 남겼다. 재위 1724~1776년.

12. 자신의 죽음을 알다

선덕여왕은 비담의 반란을 진압한 김유신의 공을 치하하였다.
"이번 반란을 진압하는데 그대의 공이 크도다. 그대를 신라 대장군으로 임명하노라."
"성은이 망극하옵니다."
이 무렵 선덕여왕의 건강은 급격히 나빠졌다.
'아무래도 내가 오래 살기는 어려울 것 같아. 어서 화백회의를 소집하여 내가 묻힐 곳을 알려 주고 승만을 부탁해야겠다.'
선덕여왕은 곧 화백회의를 소집하였다. 때는 선덕여왕 16년(647) 8월이었다.
"짐이 아무 해 아무 달 아무 날에 죽을 것이니 도리천에 묻어 주시오."
선덕여왕의 말에 관리들은 당황하였다. 평소에 지혜로운 임금이라는 것을 알고 있었지만 자신이 죽는 날을 미리 알고 있다는 것이 놀라울 따름이었다. 더구나 자신들은 처음 들어보는 도리천이라는 곳에 묻어 달라는 말에 더욱 놀라 관리들은 눈을 크게 뜨고 서로를 쳐다보았다.

"폐하, 아직 폐하의 보령寶齡은 붕어崩御를 말씀하실 때가 아니옵니다."

"통촉하시옵소서!"

그러나 선덕여왕은 이미 자신의 운명을 잘 알고 있다는 듯이 말했다.

"짐의 운명을 알고 있으니, 그 뜻을 전하는 바이오."

"폐하, 도리천이 어디옵니까?"

"그것은 낭산狼山 남쪽에 있소이다."

관리들은 어리둥절하여 화백회의를 끝내고 나왔다.

시간은 흘러 선덕여왕이 예언한 날짜에 이르렀다. 과연 선덕여왕은 자신이 말한 날짜에 세상을 떠났다. 김춘추를 비롯한 관리들은 선덕여왕의 뜻을 받들어 도리천에 묻어 주었다. 그리고 선덕여왕이 세상을 떠난 지 32년 후인 문무왕 19년(679)에 사천왕사四天王寺를 지으니, 영락없이 세상에서 가장 안락하고 편안한 세상이 되었다. 신라 백성들은 선덕여왕의 앞을 내다보는 예지력叡智力에 그저 놀라울 뿐이었다.

선덕여왕이 죽자, 사람들은 자신들을 편안하게 잘살게 해 주었다고 하여, 그 시호諡號를 '선덕여왕善德女王'이라고 하였다.

보령
임금의 나이를 높여 이르는 말.

붕어
임금이 세상을 떠남.

사천왕사
경주 낭산(狼山)의 남동쪽 기슭에 있던 절. 신라 문무왕 19년(679)에 명랑(明朗)이 창건하였는데 현재 불전(佛殿)의 주춧돌과 탑지(塔址)만 남아 있다.

예지력
사물의 이치를 꿰뚫어 보는 지혜롭고 밝은 마음.

시호
제왕이나 재상, 유현(儒賢)들이 죽은 뒤에, 그들의 공덕을 칭송하여 붙인 이름.

당나라 임금인 태종은 사신을 신라에 보내 선덕여왕을 광록대부로 삼았다. 선덕여왕의 뒤를 이어 사촌 동생인 승만이 임금이 되니, 이가 곧 신라 28대 임금인 진덕여왕이다. 진덕여왕은 신라의 마지막 성골 임금이었다.

진덕여왕은 사촌 언니인 선덕여왕의 뜻을 이어받아 당나라와 더욱 친하게 지내면서 백제와 고구려를 멸망시키고 삼국을 통일하는 기초를 닦았다.

| 신라시대 이야기 | 12

옛날에도 여자들은 화장을 했을까요?

옛날이나 지금이나 사람들은 누구나 조금 더 아름다워지려는 욕심을 가지고 있습니다. 이에 화장품도 함께 발달했습니다. 하지만 옛날의 화장은 아름다워지는 것과 더불어 신분을 나타내기도 하였습니다.

우리나라 화장의 역사는 굉장히 오래되었습니다. 단군신화에서 그 근거를 찾을 수가 있습니다. 즉 환웅桓雄이 사람이 되기를 원하는 곰과 호랑이에게 쑥과 마늘을 주었는데, 이 두 가지는 얼굴을 희게 하는 역할을 했습니다. 또한 동굴에서 생활하도록 한 것은 얼굴이 흰 사람을 귀하게 여기는 관습에 따른 것입니다.

삼국시대 이전에 한반도 북부에 살았던 읍루 사람들은 겨울에 돼지기름을 발라 피부를 보호하고 추위를 견뎌냈다고 합니다. 돼지기름은 피부를 부드럽게 하고 동상을 예방하는 기능을 가졌을 뿐만 아니라 햇볕에 타는 것을 막아 주는 역할을 하였습니다. 특히 읍루인들은 돼지기름을 자연 상태가 아닌 가공하여 썼다고 전합니다.

또 말갈인들은 피부를 희게 하려고 오줌으로 세수를 했다는 기록도 있습니다.

마한이나 변한 사람들은 문신文身을 했으며, 낙랑에서는 머리털을 뽑아 이마를 넓히는 등의 미용술도 성행하였습니다.

삼국시대에 들어오면서 화장술은 더 발전되었습니다.

고구려의 벽화를 보면 시녀가 뺨에 연지 화장을 하고 머리를 곱게 빗은 것이 보입니다. 신분이나 빈부의 구분 없이 화장을 했음을 알 수 있는 자료입니다.

일본의 옛 문헌인 《화한삼재도회和漢三才圖會》에는 일본인들은 백제로부터 화장품 제조 기술과 화장 기술을 익혀 비로소 화장했다고 나와 있습니다. 이로 미루어 볼 때 백제의 화장 기술과 화장품 제조 기술이 매우 높은 수준이었음을 알 수 있습니다. 다만 중국 문헌에 '시분무주(施粉無朱, 분은 바르되 연지는 바르지 않았다.)'라고 기록되어 있는 것으로 보아 백제인은 화려한 중국 화장술과는 달리 엷고 은은한 화장을 좋아했다고 볼 수 있습니다.

신라에서는 납을 이용한 화장품인 연분을 널리 사용했습니다. 이전에는 백분이 있었는데, 부착력과 퍼짐성이 약하여 분 바르기 전에 족집게나 실면도로 안면의 솜털을 일일이 뽑은 후 백분을 물에 개어 바르고 반 시간 가량 꼼짝 않고 누워 있어야 하는 등 매우 불편했습니다. 연분은 납을 화학 처리함으로써 부착력이 좋아 잘 펴서 바를 수 있었는데, 당시로서는 획기적인 발명이었다고 볼 수 있습니다.

또한 불교 문화가 전래됨으로써 목욕이 대중화되어 쌀겨로 목욕을 하게 되고, 팥·녹두·콩껍질로 만든 조두澡豆라는 비누와 향수, 향료까지 사용했다고 합니다. 누에고치를 이용하여 얼굴 전체에 팩을 하기도 하였다고 하니 조상들의 지혜가 정말 놀랍습니다.

고려시대에는 신라의 화장 기술이 이어져 발전되었습니다.

중국의 문헌인 《고려도경》을 보면 '고려인은 짙은 화장을 즐기지 않아, 분은 사용하되 연지는 사용하지 않았으며, 눈썹을 버드나무 잎같이 가늘고 아름답게 그린다. 또한 비단 향료 주머니를 차고 다닌다.'고 되어 있습니다. 이로 보아 우리 조상은 고려 때도 백제 때처럼 짙은 화장보다는 엷고 은은한 화장을 했음을 알 수 있습니다.

그러나 기생들은 '분대粉黛 화장'이라 하여 백분을 많이 펴 바르고 연지를 찍었으며, 머리를 반지르르하게 하고 눈썹을 짙게 그리는 등 매우 짙은 화장을 하였습니다.

고려시대에 화장 기술이 발달했음을 알 수 있는 물건으로는 화려하면서도 튼튼하게 만든 청자 화장품 그릇과 정교하게 만들어진 청동 거울이 있습니다.

조선시대에 와서도 화장품이 더욱 발달했습니다. 화장품 생산을 전담하는 '보염서補艶署'가 설치된 적이 있으며, '매분구賣粉嫗'라고 하는 화장품 행상도 등장했습니다.

조선시대에도 고려시대처럼 기생집 여인과 여염집 여인 사이의 화장법은 달랐습니다. 기생집 여인들은 고려시대와 같은 분대화장을, 반면에 여염집 여인은 깨끗하고 맑은 피부를 간직하려고 하여 엷은 화장을 했습니다.

이러한 사실로 미루어 볼 때 우리나라의 옛날 여성들은 시대를 막론하고 아름다워지려고 꾸준히 노력을 했으며, 특히 '얼굴이 희기만 하면 일곱 군데의 결함이 보상된다.'는 옛말에서 알 수 있듯이 얼굴빛을 하얗게 하기 위해 많은 노력을 기울였음을 알 수 있습니다.

환웅 단군 신화에 나오는 인물. 천제(天帝)인 환인의 아들로, 천부인 3개와 무리 3천 명을 거느리고 태백산 신단수 밑에 내려와 신시를 베풀고, 인간의 360여 가지 일을 맡아서 세상을 다스렸으며, 웅녀와 결혼하여 단군을 낳았다고 한다.

문신 살갗을 바늘로 찔러 먹물이나 물감으로 글씨, 그림, 무늬 따위를 새김. 또는 그렇게 새긴 것. 보통 맹세의 표시나 치레 따위를 하느라고 새기며 미개사회에서는 주술이나 장식의 의도로 행하였다.

-연표

선덕여왕 善德女王

기원전 57년	박혁거세가 신라를 세우다.
527년	불교를 종교로 인정하다.
579년 8월	선덕여왕의 아버지 진평왕이 임금이 되다.
632년	아버지의 뒤를 이어 임금에 오르다.
	홀아비, 과부, 고아, 자식 없는 노인들을 도와주다.
633년	천문대인 첨성대를 완공하다.
634년 1월	연호를 인평으로 바꾸고, 분황사를 짓다.
635년	영묘사를 짓다.
636년 5월	옥문지에 모여든 백제군을 물리치다.
	자장법사가 당나라에 유학을 가다.

642년 7월	백제 의자왕이 신라 서쪽의 40여 성을 빼앗다.
8월	백제 장군 윤충에게 대야성을 함락당하고, 김품석이 죽임을 당하다.
	김춘추가 고구려에 도움을 청하러 가다.
643년	자장법사가 당나라에서 돌아오다.
645년	황룡사 9층 목탑을 세우다.
647년	비담이 반란을 일으키다.
647년 1월	세상을 떠나다.

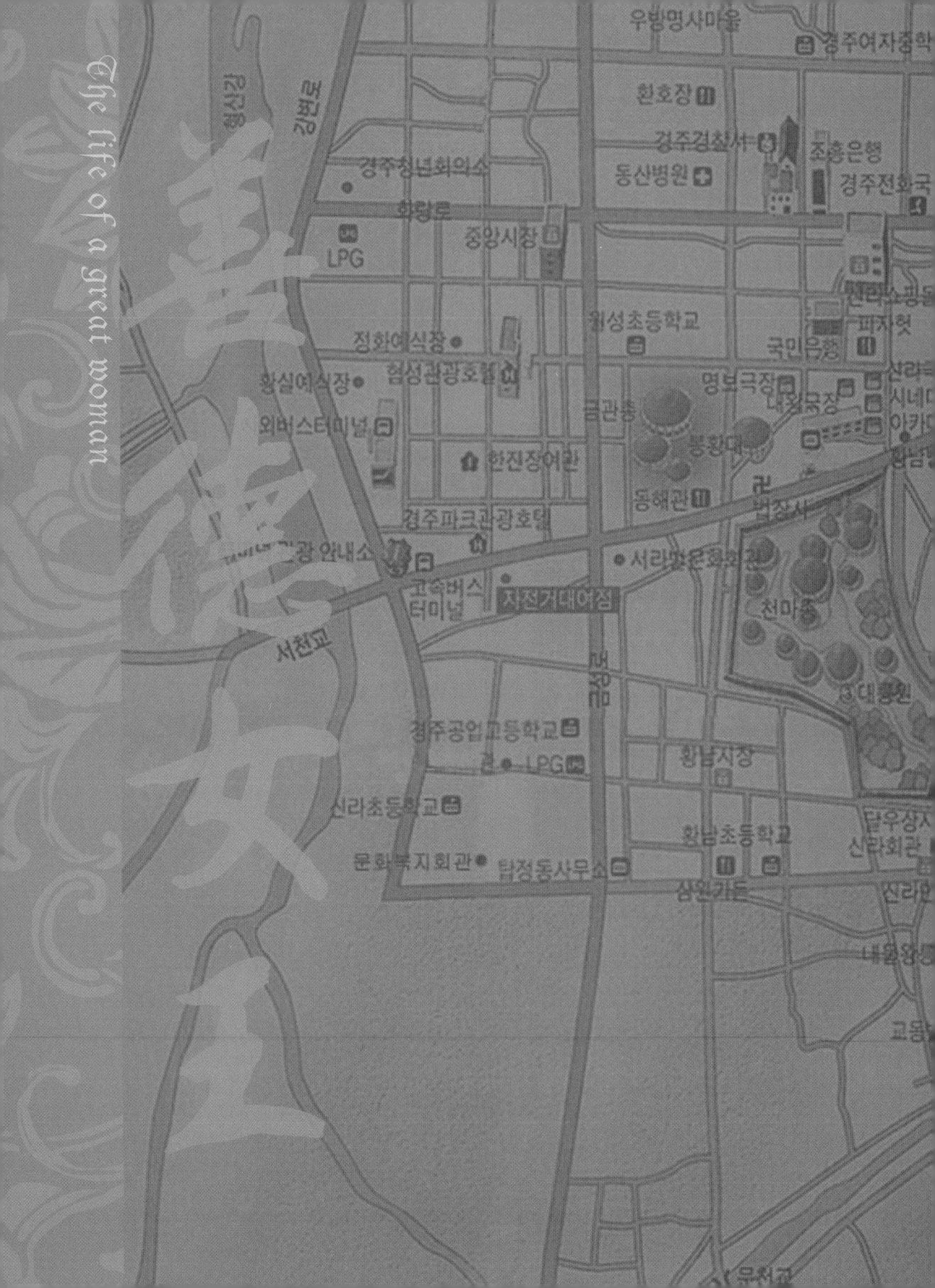

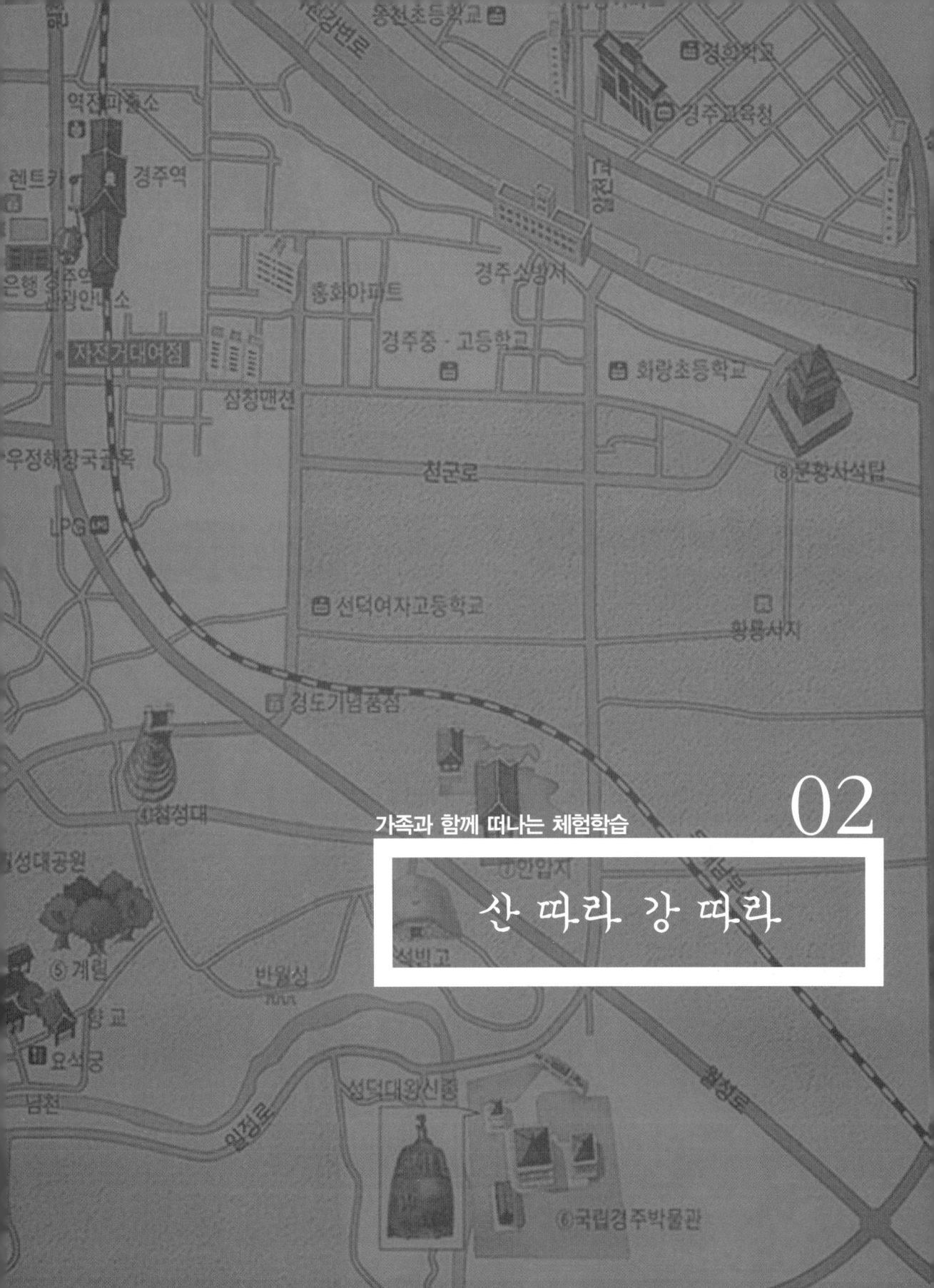

가족과 함께 떠나는 체험학습

산 따라 강 따라

02

| 가족과 함께 떠나는 체험학습 |

사진 : 민병덕

1. 선덕여왕의 숨결을 느끼면서

　가장 오랜 기간을 서울로 자리 잡았던 경주慶州!
　학생들을 데리고 수학여행修學旅行을 가게 되면 학생들은 나름대로 기대에 부풀어 있다. 그러나 막상 경주에 도착하면 학생들의 첫마디는 한결같다.
　"에이!"

안압지

　천 년간 신라新羅의 서울 역할을 한 경주이기에 사진과 텔레비전을 통해 본 모습을 상상하다가 실물實物을 보면 실망할 법도 하다. 하지만 수박 겉핥기식으로 경주를 살펴보기에 실망이 클 것이라는 생각이다.
　경주 국립 박물관에서 안압지雁鴨池 뒤쪽의 길을 가다보면 황룡사皇龍寺 터가 나온

황룡사터

다. 경주시 구황동에 자리 잡은 황룡사 터는 경주를 잘 모르는 사람이라면 도로 옆의 눈에 보이는 부분만을 보게 되어 많은 아쉬움이 남는다. 진짜 황룡사 터는 울타리가 처져 있고 철문이 굳게 닫혀 있다. 안내석이라도 있었으면 하는 마음이다.

황룡사는 1976년부터 7년에 걸쳐 조사가 실시되어, 동서의 길이 288미터, 남북의 길이 281미터, 총 면적 66,100 제곱미터로 동양에서 가장 규모가 큰 절이다. 눈에 보이는 터만으로도 어마어마한 면적이다.

황룡사를 짓기 시작한 것은 진흥왕 14년(553)이다. 진흥왕은 한때 흥륜사의 주지스님일 정도로 불교에 대한 믿음이 대단하였다. 궁궐을 지으려다 누런 용이 나타났기에, 진흥왕은 황룡이 나타난 곳에 절을 짓고 '황룡사' 라 하였던 것이다. 진흥왕 때 처음 짓기 시작하여 완공된 것은 93년 후인 선덕여왕 13년(645)에 이르러서였다. 무엇이든 빨리 하려는 '빨리빨리 병' 때문에 완공한 후에 많은 문제점이 나타나는 오늘날과 비교해볼 때 탄탄한 기초와 정성을 다하여 건축한 조상들의 지혜를 본받아야 할 것이다.

황룡사에서 유명한 것은 몽고의 3차 침입 때에 불타 버린 9층 탑이다. 9층 탑이 만들어진 이유를 《삼국유사》에서는 다음과 같이 말하고 있다.

자장율사가 하루는 형산강변을 산책하고 있는데 신이 나타나 말했다.

"황룡사에 구층 탑을 세우고 죄인들을 풀어 주라. 그러면 이웃 나라가 항복할 것이며, 나라에 걱정이 없고, 태평한 세상이 될 것이다."

자장율사는 곧 선덕여왕에게 신의 뜻을 알렸다. 선덕여왕은 백제의 탑 건축 기술자인 아비지를 데려와 탑을 쌓게 하였다. 아비지는 탑을 쌓다가 백제가 망하는 꿈을 꾼 뒤 탑 쌓는 공사를 중지하고 백제로 가려고 하였다. 이때 땅이 진동하고 하늘이 어두워지면서 한 노스님과 장수가 나타나 9층 탑의 중심 기둥을 세우고 사라졌다. 이 광경을 본 아비지는 마음을 고쳐먹고 탑을 완성하였다고 한다.

이렇게 만들어진 탑은 9층이다. 9층으로 쌓은 것은 1층부터 일본, 중국, 오월, 탁라, 응유, 말갈, 단국, 여적, 예맥 등 아홉 나라의 침입侵入을 막기 위함이라고 한다. 여기에서 재미있는 사실은 서로가 치열하게 싸우고 있던 고구려나 백제를 적으로 말하지 않은 사실이다. 서로가 같은 민족民族이라는 동질성을 가지고 있었단 뜻일까?

분황사 석탑

   2년간의 공사 끝에 만들어진 9층 탑은 한 변의 길이가 22.2 미터이며, 높이는 80 미터가 되는 엄청난 규모였다. 그러나 안타깝게도 나무로 만들어졌기에 고종 25년(1283)에 몽골의 침입으로 불에 타 없어지게 되었던 것이다.

   황룡사 터에서 걸어서 10분 정도 가면 분황사芬皇寺가 나온다. 경주시 구황동에 위치한 분황사는 선덕여왕 3년(634)에 세워졌다. 현재 분황사에는 분황사 석탑과 화쟁국사비부, 삼룡변어정이라는 우물이 있다.

   분황사 석탑은 높이가 9.3 미터로 벽돌식으로 돌을 다듬어 만든 모전 석탑이다. 현재는 3층만 남아 있으나, 원래는 9층이었다. 분황사에는 다음과 같은 전설傳說이 전해온다.

경덕왕 때 한기리에 희명과 어머니가 있었다. 희명은 눈이 먼 아이였다. 희명의 어머니는 희명이를 안고 분황사에 모셔져 있는 천수관음상 앞에 나아가서 노래를 지어 희명이에게 빌게 했더니 마침내 두 눈을 뜨게 되었다. 그 노래는 다음과 같다.

무릎을 곧추며
두 손바닥을 모아
천수관음전에 비옵나이다.
천손, 천눈을
하나를 모아 하나를 덮어
둘 다 없는 내 몸이오니
하나만 가만히 고쳐 주옵소서.
아아, 임은 예사로운 듯 베푸시는데
내게 주옵시는
큰 자비는 너무 커서 말 못 하겠네.

천 년 전이나 오늘날이나 자식을 향한 부모의 사랑은 지극함을 알 수 있는 글이라 가슴이 뭉클해진다.

분황사에 가면 수돗물에 익숙한 아이들에겐 낯선 우물이 기다리고 있다. 부처님의 가르침인 팔정도八正道를 본떠 팔각형으로 만들어진 우물이다. 팔정도는 올바른 길로 인도하기 위한 부처님의 8가지 계율로 정견(올바른 견해), 정사유(올바른 생각), 정어(남에게 유익한 말을 함), 정업(착한 행동을 하는 것), 정명(바르게 생활하는 것), 정정진(바른 노력을 함), 정념(건전한 정신상태), 정정(일에 열중하고 전력하는 것)을 말한다. 이 우물을 삼룡변어정이라고 한다. 세 마리의 용이 산다는 소문을 듣고 원성왕 11년(795)에 당나라 사신이 이 우물에 사는 용 3마리를 물고기로 변하게 하여 가져갔다. 원성왕은 사람을 시켜 이 용을 찾아다가 다시 우물에 넣었기에 삼룡변어정이라고 했다고 한다.

화쟁국사비부(위), 삼룡변어정(아래)

　우물 옆에는 원효대사의 화쟁국사비부가 있다. 의상과 더불어 신라를 대표하는 스님인 원효를 기리는 비석이 하나도 없음을 안타깝게 여긴 고려 숙종 임금이 '대성화쟁국사'라는 시호와 함께 비석을 세우게 했다고 한다. 싸우지 말고 서로 화합하고 지내라는 원효대사의 가르침은 오늘날 우리에게 큰 교훈을 주고 있다. 그러나 이 비석도 비신碑身은 어디론가 없어지고 조선시대 말기에 추사 김정희가 썼다는 비대만 남아 있어 아쉬움이 컸다.

- 첨성대

　분황사에서 20분 정도 걸어가면 첨성대가 나온다. 첨성대는 천체 관측 기구를 통하여 날씨를 관측했던 곳으로, 선덕여왕 2년(633)에 완성하였다. 그러나 한때 사람들은 첨성대를 천문대니, 제사를 지내기 위한 제단이니 하여 말다툼이 있었다. 아직도 첨성대를 제단이라고 주장하는 사람들은, 삼한시대의 소도에 설치된 것이라든가, 아니면 불교의 수미산을 본떠 만든 것이라고 주장을 하고 있다. 그러나 첨성대의 구조를 보면 이러한 주장이 잘못된 것이라는 충분한 근거를 찾을 수 있다.

　첨성대의 몸체는 27단으로 되었는데, 맨 위에 마감한 정자석井字石을 합치면 28, 즉 기본 별자리수를 뜻한다. 여기에 기단석을 합치면 29로 한 달의 길이가 된다. 몸쪽 남쪽 중앙에는 네모난 창이 있는데, 그 위로 12단, 아래로 12단이니 이는 일 년 열두 달과 하루 12시간(십이간지 시간)을 가리킨다. 또한 이를 합치면 24단으로 24절기를 가리키는 것으로 볼 수 있다. 그리고 첨성대를 만들 때 사용한 돌의 수는 약 360여 개로 1년의 날이 된다. 그러므로 첨성대는 기상대의 역할을 하던 곳으로 생각할 수 있다. 노란 향화를 배경으로 우뚝 서 있는 첨성대가 더욱 빛나 보였다.

2. 부끄럽게 만난 선덕여왕

　선덕여왕을 만나러 길을 나섰다. 경주 관광 안내소에서 '선덕여왕릉이 어디냐?'고 물으니 직원이 친절하게 경주 관광지도를 펼치며 안내해 주었다. 안내원의 말로는 25분 정도를 걸어 산으로 들어가야 한다고 했다. 뜨거운 삼복三伏의 뙤약볕이 내리쬐는 한여름인지라 걱정이 되어 일찍 아침을 먹고 길을 나섰다.
　보문 관광단지를 돌아 시내 쪽으로 오니 진평왕릉이 보였다. 선덕여왕의 아버지요, 제26대 왕인 진평왕의 릉이다. 선덕여왕이 아버지의 곁에 묻히고 싶어 낭산 남쪽 도리천에 자리를 잡지 않았나 하는 생각을 하였다.
　진평왕릉 안내판을 지나쳐 좌우에 논이 펼쳐진 가운뎃길을 택했다. 풀이 무성하여 차가 지나갈 수 있을지 의심스러웠다. 차에서

선덕여왕릉(정면), 선덕여왕릉(후면)

내려 길을 살펴보니 지나갈 만하였다. 진평왕릉 안내판에서 3분 정도를 지나니 골짜기가 나왔다. 이곳이 여왕께서 말씀하신 도리천이 아닐까 하는 생각이 얼핏 들었다. 더 이상 차가 갈 수 없어 안내판을 따라 걸었다. 좌우의 잘 가꾸어진 농작물을 보며 7~8분을 걸으니 가지 늘어진 소나무 숲의 자그마한 산이 나왔다. 산길을 따라 2~3분을 걸으니 보기에도 어마어마한 묘가 나왔다. 바로 선덕여왕릉이었다.

　선덕여왕은 16년(647) 8월에 '짐이 아무 해 아무 달 아무 날에 죽을 것이니 도리천에 묻어 주시오.'라고 말했다. 어리둥절한 신하들이 '도리천이 어디옵니까?'라고 물으니 '낭산 남쪽이오.'라고 대답하였다. 여왕은 자신이 예언한 날에 세상을 떠나니 김춘추를 비롯한 관리들은 선덕여왕의 뜻을 받들어 도리천에 묻어 주었다고 한다.

경주시 보문동에 위치한 여왕의 무덤은 높이가 6 미터, 둘레가 73 미터이며 자연석으로 무덤의 흙이 내려앉지 못하게 둘레돌을 쌓고, 흙으로 봉분을 만들었다. 릉 앞에는 '선덕여왕릉'이라는 묘비와 상석이 있으며, 향로를 올려놓을 수 있게 만들어진 두 개의 석조물이 있었으나, 최초의 여왕이며 통일 신라의 기초를 닦은 여왕의 무덤으로는 초라하다는 생각이 들었다.

　오늘날 우리나라는 국민들 간의 대립이 심한 까닭에 여왕의 릉 앞에 서 있는 후손으로서 부끄러움을 느꼈다. 백성들을 하나로 끌어모으려 했던 여왕의 리더십이 현재 그 무엇보다도 필요한 때라고 생각되었다. 주위의 소나무들조차 모두 여왕을 향하여 고개를 숙이듯 늘어진 모습이 존경의 예를 표하고 있는 것 같아 한편으로 흐뭇하였다. 그 옛날 당나라나 일본, 그리고 고구려와 백제의 틈바구니에서 나라를 지키기 위해 혼신의 힘을 바친 여왕의 지혜와 용기가 새삼 가슴에 와 닿았다.

전문가가 제시하는 논술문제 10

생각과 표현

03

|전문가가 제시하는 논술문제 10

문제 01

선덕여왕의 업적을 요약하고 그것을 통하여 우리가 얻을 수 있는 교훈을 서술하시오.

(문제 1번은 이 책을 읽고 먼우금 초등학교 6학년에 재학중인 유지민 학생이 직접 작성한 글입니다. 그리고 손민정 선생님이 첨삭 수정한 과정을 그대로 실은 것입니다. 자신이 쓴 글과 무엇이 다른지, 또 선생님의 지도 후 글이 어떻게 달라지는지 잘 살펴봅시다.)

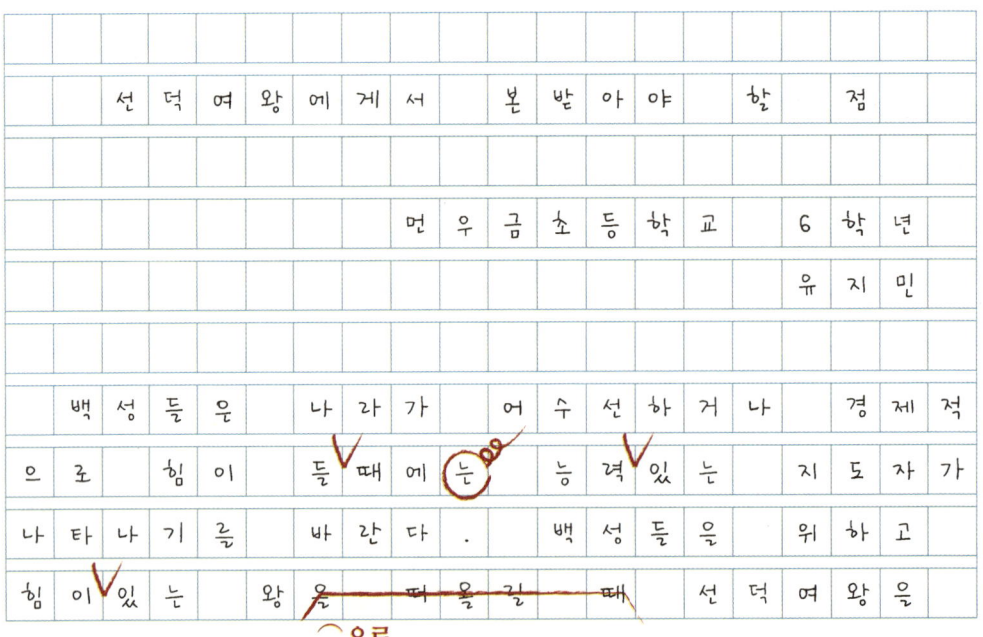

떠올릴 수 있다. 선덕여왕은 신라의 27대 왕으로 ① ~~여성임에도 불구하고 왕위에 올랐고~~, 진평왕이 아들없이 죽자 화백회의를 통하여 왕이 되었다. (우리나라 최초의 여왕이다.)

선덕여왕은 백성을 아끼고 사랑하는 지혜로운 여왕이었다. 선덕여왕이 나랏일을 맡은 당시 나라의 경제가 불안정하자 구휼정책을 폈다. 이 정책을 통해 신라는 주와 군에 ② 세금을 면세해주어 백성들의 생활을 ③ 안정시켰다고 죄수들은 사면해 주기도 하였다. 그리고 ④ ~~별을~~ 통해 24절기를 관측하고, 그것으로 농삿일에 큰 도움을 주었다.

⑤ 선덕여왕은 (예를 들어) ~~뛰어난~~ ⑥인재를 잘 선발하였다. 김유신과 김춘추는 (신라의 정치 발전에 기여한) 선덕여왕이 뽑은 인재들 중 하나이다. ~~그러나~~ 이웃나라인 고구려와 백제의 침략이 잦자, ⑦ 당나라에서 불교를 공부한 학자들의 건의에 따라 불교의 상징인 황룡사 9층 탑을 지었다. 이 (목탑을) 처음부터 (이렇듯 선덕여왕은 나라가 혼란한 시기에)

① 지나치게 긴 문장은 두 문장으로 나누어 간결하게 표현하도록 한다.

② '세금을 면세해 주어' 의미가 중복되었다. '세금을 줄여'로 고쳐 쓰기 바란다.

③ 여러 내용을 한 문장으로 표현하면 문장이 복잡하여 읽는 사람들이 내용을 이해하는 데에 혼란스러울 수 있다.

④ '별의 움직임을 관측할 수 있는 첨성대를 세워'로 고쳐 쓰는 것이 더 정확하다.

⑤ 선덕여왕의 업적과 생애에 관한 내용이므로 문단을 나누지 않고 한 문단으로 쓴다.

⑥ '인재'는 '학식'이나 능력이 뛰어난 사람'이므로 수식어가 필요 없다.

⑦ 자연스러운 문맥을 위해 황룡사 9층 탑을 만든 이유를 쓰자. 외세의 침략으로 혼란스러운 민심을 수습하기 위해 탑을 세운 것이다. 그러므로 '황룡사 9층 탑을 지어 민심을 수습하였다'로 고쳐 쓰자.

※ 빨간색 첨삭 표시:

- 상단: **지도자의 능력을 발휘하여 신라를 안정시켰다.**
- ⑧ '인자한 성품과 지혜를 엿볼 수 있다. 이것은 현대를 살아가는 우리들에게도 꼭 필요한 덕목이다.'라는 것처럼 구체적으로 쓰자.
- ⑨ 앞에서 지적한 것처럼 문장을 나누어 쓰도록 한다.
- 중간 첨삭: "일깨워 준다", "이러한 모습에서", "하는 태도를 배울 수 있다."

송까지 송마다 각각 뜻을 담고 있다.

　선덕여왕의 생애와 업적을 통해 ⑧우리는 교훈을 얻을 수 있다. 선덕여왕의 구휼정책은 가난한 백성들의 삶에 도움을 주었다. 또한 첨성대를 세워 농업과 천문학의 발전시킨 그녀의 업적은 천연자원이 부족한 우리에게 과학기술의 중요성을 알린다. 선덕여왕은 인재를 잘 선발하여 위기에 빠진 나라를 ⑨구한 점 우어려운 상황에서도 끝까지 포기하지 않고 최선을 다했다는 점에서 우리에게 많은 교훈을 준다. 역사 속 신라를 통해 위기상황에서 자신의 능력과 지혜를 최대한 발휘하여 어떠한 위기도 극복할 수 있다는 자신감과 교훈을 얻을 수 있다.

선덕여왕 | 3. 생각과 표현

문제 02 사냥대회에서 덕만(선덕여왕)이 새끼 사슴을 놓아 준 이유를 설명하고, 선덕여왕의 결정에 대한 자신의 생각을 서술하시오.

<< 답안 진평왕은 사냥대회를 통해 덕만 공주가 자신의 뒤를 이을 국본이라는 것을 신하들과 백성들에게 알리고 싶었을 것이다. 그러므로 진평왕은 덕만 공주가 많은 사냥감을 잡아오기를 기대했다. 덕만 공주는 사슴을 잡았을 때, 마음속으로 두 가지 생각을 하였을 것이다. 하나는 사슴을 잡아서 진평왕의 신임을 얻는 것이고, 나머지는 불쌍한 사슴을 놓아 주는 것이었다. 마침내 덕만 공주는 사슴을 놓아 주기로 결정하였다.

덕만 공주가 사슴을 놓아 준 이유는 불쌍한 새끼 사슴의 모습을 통해서 백성들에 대한 사랑을 깨닫게 되었기 때문이다. 덕만 공주는 새끼를 가진 어미 사슴의 마음을 백성을 다스리는 임금의 마음과 비교하였다. 자신이 새끼를 잃은 어미 사슴의 입장이 되어 보고, 백성들을 향한 임금의 마음을 생각해 보았다. 또한 그녀는 새끼사슴을 보고 그냥 지나치지 않고 불쌍한 마음을 갖고 자비를 베풀었다.

덕만 공주가 사슴을 놓아 준 것은 옳은 결정이었다. 비록 사냥감을 가져오지는 못하였지만 그 대신 국본이 가져야 할 마음가짐을 배우게 되었던 것이다. 나라를 다스리는 임금이 가져야 할 가장 중요한 요건은 백성들을 사랑하는 마음이다. 따라서 덕만 공주는 사슴을 잡아 진평왕에게 신임을 받는 것보다는 백성을 사랑하는 마음을 깨닫는 것이 국본으로서 올바른 자세라고 생각한다.

문제 03

서동요는 신라시대에 지어진 4구체 향가로 실제로 있었던 내용이 아니라 서동이 꾸며낸 이야기이다. 서동요를 지어 퍼뜨린 서동의 행동이 옳은 행동인지, 아니면 잘못된 행동인지 자신의 입장을 정하고 그 이유를 서술하시오.

> **보기**
> 선화 공주님은
> 남 몰래 시집 가 두고
> 맛둥(서동) 도련님을
> 밤에 몰래 안으러 간다네.

<< 답안   서동은 자신과 선화 공주와의 이야기를 꾸며내어 사람들에게 퍼뜨렸다. 그 결과 서동은 선화 공주와 결혼을 할 수 있었다. 서동이 선화 공주와 결혼하였으므로 그가 자신의 목적을 이루고 성공하였다고 생각할 수 있다. 그러나 서동이 한 일의 과정과 방법이 잘못되었기 때문에 그의 행동은 옳지 않다.

어떤 사람들은 일의 결과를 중시하고, 어떤 사람들은 일의 과정을 중시한다. 서동의 경우, 일의 결과를 중시하는 사람이다. 이러한 사람들은 때로는 좋은 결과를 위해 지나친 방법을 쓰기도 한다. 예를 들어 부정한 방법으로 점수를 올려 좋은 성적을 거두는 사람들이 있다. 또한 남의 돈이나 공적인 돈을 빼돌려 부자가 되는 사람들이 있다. 이들은 모두 좋은 결과를 위해 옳지 않은 방법을 사용한 사람들이다. 좋은 결과가 중요한 것은 사실이지만 그에 못지않게 올바른 과정 또한 중요하다.

결과를 중시하는 사람들이 그들의 성공을 위해 부정한 방법도 마다하지 않는다면 사회질서가 흐려지고 도덕성이 결핍된 사회가 될 것이다. 자신의 결과에 치중한 일처리는 자칫 이기적인 사람들이 모여 사는 불건전한 사회를 만든다. 좋은 결과와 더불어 올바른 과정의 중요성을 깨닫고 이를 실천한다면 서로를 신뢰할 수 있는 아름다운 사회를 만들 수 있을 것이다.

문제 04

고구려의 침입에 대하여 선덕여왕은 수나라에게 도움을 요청할 것을 대안으로 제시하였다. 훗날 진덕여왕도 선덕여왕 뜻을 이어받아 당나라와 가깝게 지내면서 백제와 고구려를 멸망시키고 통일의 기초를 닦았다. 이처럼 신라가 처한 현실에서 펼친 외교는 사대외교(事大外交)라고 볼 수 있다. 사대외교에 대한 자신의 생각을 서술하시오.

보기

"그래, 어서 오너라."
덕만은 진평왕의 얼굴을 살폈다.
"무슨 걱정이라도 있으신지요?"
덕만이 조심스럽게 물었다.
"이제 너도 나라를 이끌 몸이니 우리나라의 사정을 바르게 알아야겠구나."
"무슨 일이신지요?"
"계속되는 고구려의 침입에 머리가 아프구나. 더구나 백성들에게 너무 큰 고통을 주는 것 같구나."
진평왕의 말에 덕만은 전부터 생각하였던 것을 말했다.
"폐하, 사신을 수나라에 파견하여 도움을 요청하는 것이 어떠하십니까?"

<< 답안   사대외교(事大外交)는 사대교린(事大交隣)외교의 줄임말로 조선 개국 초기의 외교정책을 뜻하는 말이다. 사대교린은 큰 나라를 섬기고 인근의 작은 나라들과는 동등하게 교류하는 외교정책으로 통일을 하기 전의 신라는 사대외교를 펼쳤다. 신라는 삼국과의 외교관계에서 중국을 끌어들였는데, 이것은 당시 동북아시아의 상황을 고려한 외교정책으로 평가할 수 있다.

신라시대 동북아시아에서 최강국은 중국이었다. 신라가 중국의 힘을 인정하면서 다른 나라들과 외교를 한 것은 당시로써는 합리적이고 현실적인 외교방식이었다. 사대외교를 비판하는 사람들은 신라가 중국에 조공(租貢)을 바친 것은 정신적으로 중국의 속국임을 인정하는 행위이므로 잘못되었다고 한다. 그러나 이것은 잘못된 주장이다. 왜냐하면 조공은 한 나라만이 물품을 바친 것이 아니라 두 나라 사이에서 물품이 오갔기 때문이다. 이것은 일종의 국가 간 공식적인 무역활동으로 볼 수 있다.

통일 전 신라는 삼국 중에서 약소국이었다. 또한 백제와 사이가 좋지 않았고, 왜구의 침입이 빈번하여 정치적으로 안정되지 못하였다. 내물왕 때에는 백제, 가야, 왜의 협공으로 도성이 위태로웠던 상황도 있었다. 이러한 국가의 위기 상황 속에서 지증왕, 법흥왕 등은 나라의 초석을 다지고 가야를 멸망시켰다. 삼국 중 고립된 신라는 한강 하류 지역을 차지하는 과정에서 수나라와 동맹을 맺었다. 수나라 멸망 후에는 당나라와 동맹을 맺었고, 당의 힘을 빌려 삼국 통일의 기틀을 잡았다.

사대외교정책의 부정적 측면으로 양국 간의 불평등한 조약이나 조공을 예로 들 수 있다. 그러나 이 정책은 신라가 당시 국내외 상황을 고려한 외교정책을 펼쳤다는 점에서 의의가 있다. 현대에는 더욱 복잡한 국제관계 속에 나라마다 다양한 외교정책을 펼치고 있다. 현대를 살아가는 우리들에게 신라의 사대외교정책을 통해 얻을 수 있는 교훈은 국제관계에 대한 이해다. 우리는 국제관계를 잘 이해하고, 이를 적절히 이용하는 외교정책을 펼치며, 자주성과 권리를 지키는 외교를 하는 것이 바람직할 것이다.

 **문제 05** 본문 내용 중 '여자에게 우리 신라를 맡길 수는 없습니다.' 라는 칠숙의 말에 대한 자신의 입장을 밝히고 그 이유를 서술하시오.

<< 답안   우리나라 속담에 '암탉이 울면 집안이 망한다.' 라는 말이 있다. 속담을 통하여 알 수 있듯이 우리나라는 유교 문화권 안에서 가부장적인 사회를 이어왔다. 여성들의 사회적 위치는 남성들에 비하여 상대적으로 낮았으며, 집안에서 여자들의 발언은 무시되는 일이 많았다.

본문 내용에서 '여자에게 우리 신라를 맡길 수는 없습니다.' 라는 칠숙의 말은 여자들의 능력과 인격을 깎아내리는 말로 간주할 수 있다. 왜냐하면 여자의 능력이 남자보다 못하다는 의미가 담겨 있기 때문이다. 사회는 남자나 여자 어느 한쪽에 의해서만 발전할 수 없다. 남성과 여성이 동등한 조건으로 경쟁하고, 그것을 허용하는 사회는 건전한 사회이며 밝은 미래를 기대할 수 있다. 칠숙의 말은 현대사회의 발전과 삶의 방식에 동떨어져 있는 말이며 시대적으로 뒤떨어진 생각이므로 옳지 않다.

역사 속에서 또는 우리 주변의 인물을 통하여 사회적으로 자신의 능력을 펼치며 성공한 여성들을 살펴보자. 역사 속 인물로는 선덕여왕, 평강 공주, 신사임당, 논개, 유관순 등이 있다. 현대에는 여성들이 자신의 재능을 살려 여러 분야에서 성공적으로 일하고 있다. 따라서 검증도 해보지 않고 여자의 능력을 믿지 못하여 나라를 맡길 수 없다고 주장한 칠숙의 말은 타당성이 없다. 남성과 여성의 능력이 고루 인정받는 사회는 희망적이다. 우리 사회가 능력에 있어서 남녀평등이 이루어지고, 누구나 자신의 개성과 재능을 마음껏 발휘하는 사회가 되기를 기대한다.

> **문제 06**
> 선덕여왕 때에 만들어진 첨성대가 제사를 지내는 곳이라는 가설도 있다. 이것은 사실이 아니며, 첨성대가 천문대였다는 근거를 제시하여 보자.

<< 답안 선덕여왕 때 만든 첨성대는 동양에서 가장 오래 된 천문대라고 알려져 있다. 그러나 첨성대가 다른 용도로 쓰였던 건물이라는 주장들이 있다. 그중 한 가지는 제사를 지냈던 곳이라는 가설이다. 이것은 사실이 아니며 첨성대가 천문대라는 것을 증명하는 증거를 다섯 가지로 살펴볼 수 있다.

첫째, 첨성대라는 이름에서 첨성대가 천문대라는 것을 알 수 있다. 《삼국유사》에는 '선덕여왕 때 돌을 깎아 첨성대를 만들었다.'고 전한다. '첨성대'라는 이름은 '별을 관측하는 건물'이라는 뜻이다. 개성에 있는 고려시대의 천문대도 초기에는 첨성대라고 불렀다.

둘째, 역사적 문헌을 통해 첨성대가 제단이 아니라는 것을 알 수 있다. 《삼국사기》에 따르면 해와 달에 대한 제사는 본피유촌에서 지냈고, 별에 대한 제사는 영조사에서 지냈다고 전해진다. 즉 하늘에 대한 제사는 첨성대가 아닌 다른 곳에서 지냈다는 것을 알 수 있다.

셋째, 첨성대가 만들어진 이후에 천문 관측 기록이 5배나 증가했다는 점이다. 또한 천문 현상의 기록 내용이 이전에 비하여 보다 구체적으로 바뀌었다.

넷째, 세계적으로 유명한 천문대들이 그 나라의 부흥기에 만들어졌다는 점도 주목할 만하다. 영국의 그리니치 천문대나 프랑스의 무동 천문대 등은 당시 과학과 문화의 부흥기에 만들어진 것이다. 우리나라의 경우, 조선시대 문화 발전이 가장 활발히 이루어진 시기인 세종대왕 때 관천대를 만들었다. 따라서 신라가 융성하였던 선덕여왕 시기에 만든 첨성대는 천문대였을 가능성이 높아진다.

마지막으로 첨성대의 구조를 통해 우리는 첨성대가 천문대라는 결정적 근거를 찾을 수 있다. 첨성대는 음력으로 1년을 의미하는 362개의 화강암 벽돌로 만들어졌으며, 높이는 9 미터 남짓 된다. 맨 위에 있는 28단으로 된 정자 모양의 돌은 기본 별자리수를 상징한다. 이처럼 첨성대의 구조에서 알 수 있는 수많은 상징들은 첨성대가 천문대라는 사실을 뒷받침한다. 따라서 우리나라의 자랑스러운 문화유산인 첨성대는 지금까지 발견된 것 중 가장 오래된 천문대임이 확실하다.

문제 07

선덕여왕은 당시 나라의 재정이 어려움에도 불구하고, 전쟁에서 죽은 병사들을 위로하고 그들이 극락으로 갈 수 있도록 영묘사를 지었다. 이것이 옳은 일인지 자신의 입장을 정하고 그 이유를 서술하시오.

<< 답안

나라를 위해 희생한 병사들을 위로하고 그들이 극락으로 갈 수 있도록 기리는 것은 중요한 일이다. 예를 들어 우리나라는 국가를 위해 공이 있는 군인이나 공무원을 기리기 위해 국립 현충원을 지었다. 사람들은 현충일 또는 그 밖의 특별한 날에 국립 현충원을 방문하여 그들의 넋을 기리고 국가에 대한 사랑을 마음속에 다시 한번 새긴다.

선덕여왕이 영묘사를 지은 이유는 바로 이런 이유 때문이었다. 그러나 문제는 국가가 재정적으로 넉넉하지 않았다는 점이다.

　선덕여왕이 영묘사를 지은 취지는 타당하다. 다만 나라의 재정이 어려운 것을 감안하여 규모를 작게 한다든가 영묘사를 짓는 비용을 다른 방법으로 충당하였다면 좋았을 것이다. 예를 들면 재정을 충당하기 위하여 가까운 중국이나 일본에 신라의 공예품을 수출하는 방법이 있을 수 있다. 삼국 중에서 중국이나 일본에 공예품을 가장 많이 전한 나라는 신라이다. 분묘에서 출토된 금관이나 금띠, 금귀고리, 목걸이 등의 장신구나 유리잔, 숟가락 등의 생활용품에서 알 수 있듯이 신라의 공예품은 화려하며 아름답다. 이러한 공예품을 수출한다면 영묘사를 짓는 예산을 마련할 수도 있고, 신라의 아름다운 문화도 전파할 수 있는 두 가지 장점이 있다.

　백성의 뜻을 하나로 모으고 백성으로 하여금 나라를 사랑하는 마음을 갖도록 하는 것은 힘든 일이다. 선덕여왕은 영묘사를 지어 나라를 위해 희생한 사람들을 위로하고, 이것을 통해 백성들의 애국심을 기르고자 하였다. 나라의 어려운 재정을 고려하여 작은 규모의 영묘사를 짓는 것이 바람직하다. 또한 공예품 수출과 같은 방법으로 나라의 재정을 튼튼히 한 후에 영묘사를 짓는 것도 좋은 방법이다.

문제 08　선덕여왕 시기에 신라의 대외 정세를 파악하여 그것을 알리는 가상 기사문을 작성하시오.

<< 답안
선덕여왕, 역시 인재 등용의 귀재!
　─선덕여왕은 사람들의 예상을 뒤엎고 김유신과 김춘추를 발탁하여

그들에게 중책을 맡겼다. 여러 사람들의 만류에도 불구하고 선덕여왕은 이들을 등용하여 군사와 외교를 정비하는데 힘쓰고 있다.

　선덕여왕은 김춘추에게 외교전반에 대해 전폭적인 권한을 부여하는 인사 발령으로 오늘 오전 화백회의에 모인 여러 관료들을 놀라게 하였다. 최근 몇 년 동안에 지은 웅대한 건축물과 아름다운 조각품, 화려한 공예품 등에서 알 수 있듯이, 우리 신라는 문화적으로 전성기를 누리고 있다. 그러나 요즈음 정치적으로 국외 사정이 매우 어려운 실정이다. 고구려는 계속 남쪽으로 영토 확장을 꾀하고 있으며, 백제 또한 정치적으로 매우 기세등등한 상황이 계속되고 있다. 선덕여왕은 고구려, 백제를 견제하며 국내에서는 안정을 도모하는 외교술을 펼치고 있어 백성들의 신임을 얻고 있다. 정부 관계자의 말에 따르면, 정부에서는 앞으로 김춘추를 일본과 당나라로 파견할 계획을 가지고 있다고 밝혔다. 이러한 정부 인사는 고구려와 백제의 배후에 동맹관계를 결성하여 쉽사리 신라를 침범하지 못하도록 외교적 방어선을 만들기 위함이다.

　선덕여왕의 탁월한 인재 등용 능력을 보여 주는 사람은 바로 김유신이다. 김유신은 원래 신라에게 멸망당한 금관가야의 왕족이다. 김유신의 가문은 가야가 멸망할 당시에 신라의 진골로 편입되기는 하였으나, 계급 체계가 엄격한 신라 귀족들에게는 쉽게 받아들여지지 않았다. 이번 선덕여왕의 인사로 김유신은 정치에 첫발을 내디뎠으며, 군사권을 맡아 지휘하게 되었다. 신라의 순수 귀족이 아닌 김유신에게 군사권을 맡긴 이번 인사는 파격적인 인사로 백성들도 놀라운 심정을 감추지 못했다. '이번 선덕여왕의 인사에 매우 놀랐지만, 김유신의 능력을 믿고 있다. 나라를 위해 능력을 한껏 발휘하였으면 좋겠다.' 는 백성들의 말처럼 신라를 위해 충직하고 성실한 모습을 보여 주기를 바란다. 또한 김춘추의 외교와 김유신의 군사 지휘 능력으로 신라가 국내외적으로 안정을 되찾아 삼국 통일의 기반을 마련할 수 있기를 기대해 본다.

문제 09

신라는 나라가 어수선한 시기에 백성들의 뜻을 모으고 불교를 장려하기 위해 황룡사 9층 탑을 지었지만 고려시대 몽고의 침략으로 불타 없어졌다. 문화재 보호의 의미에 대하여 서술하고 귀중한 문화재를 어떻게 하면 잘 보존할 수 있는지 방법을 제시하시오.

<< 답안

2008년 2월, 국보 1호인 숭례문이 방화에 의해 불타는 어이없는 일이 발생했다. 이 사건으로 국민들은 한동안 소중한 문화재를 잃은 슬픔에 빠졌다. 한 번 훼손된 문화재의 원형을 완벽하게 복구하는 것은 불가능하다. 그렇기 때문에 문화재는 훼손하기 전에 보호하는 것이 매우 중요하다. 문화재 훼손은 크게 자연재해, 시간의 흐름에 따른 문화재의 노화, 인간의 실수나 사고에 의한 것, 전쟁이나 외세의 침입에 의한 것이 원인이 된다. 자연재해나 시간 흐름에 의한 문화재의 노화를 제외하면 문화재 훼손은 인간의 노력으로 충분히 막을 수 있다.

신라는 불교의 힘을 빌려 정치적 안정을 도모하기 위하여 황룡사 9층 탑을 지었다. 그러나 몽고의 침입으로 불타서 현재는 경주에 그 터만 남아 있다. 이와 비슷한 문화재 훼손의 예를 역사 속에서 찾을 수 있다. 조선시대 역사서 보관 창고인 충주 사고와 경복궁은 임진왜란으로 소실되었다. 대구 부인사 초조대장경은 몽고의 침략으로 소실되었다.

선조들의 문화유산은 역사 발전의 원동력이다. 또한 이것은 우리 민족의 뿌리를 알 수 있는 살아 있는 역사 교과서이며, 우리의 잠재적 가치를 깨달을 수 있는 소중한 자산이다. 문화재를 잘 보존하기 위해서 우리는 문화재의 중요성을 깨닫고 아끼고 사랑하는 마음을 가져야 한다. 또한 자신이 살고 있는 지역에 있는 문화재에 관심을 갖고 깨끗하게 관람하는 자세가 필요하다. 만약 문화재를 훼손하는 사람이 있다면, 법으로 엄중하게 처벌해야 할 것이다. 문화재를 훼손되지 않도록 지키며 노후된 문화재는 복구와 복원 작업을 통해 원형에 가깝도록 잘 보존하여 후손에게 물려주어야 할 것이다.

문제 10

아비지는 백제 사람이어서 신라의 탑을 짓는데 크게 망설였을 것이다. 아비지가 황룡사 9층 탑을 건설하고 신라를 도울 수 있도록 그를 설득하는 편지글을 작성해 보시오.

<< 답안

아비지님께
아비지님, 안녕하세요?

저는 신라 월성군에 사는 김대상이라고 합니다. 현재 예부(禮部)에 근무하고 있고 문화재 건축과 보호를 담당하고 있습니다. 더위가 한창 기승을 부리더니 오늘은 아침저녁으로 때때로 시원한 바람이 부는군요. 하늘을 올려다보니 구름 한 점 없는 높은 하늘에 마음이 시원해집니다. 아마도 가을이 우리에게 성큼 다가오지 않았나 생각됩니다.

다름이 아니라 탑의 건축과 관련하여 드릴 말씀이 있어서 이렇게 지면으로나마 선생님을 찾아뵙게 되었습니다. 선덕여왕께서는 황룡사에 탑을 지어 어수선한 나라를 안정시키고 백성들의 마음을 하나로 모으기를 원합니다. 또한 백성들이 그 탑을 보며 불공을 드리고 불교가 번창하시를 바라십니다. 물론 이 탑이 신라를 위하는 일이며, 신라 백성들의 삶을 위한 일인 줄은 저도 잘 알고 있습니다. 그러나 이 탑은 불공을 드리는 탑이기 이전에 하나의 예술 작품입니다. 우리 신라에서는 이 탑을 대단히 큰 규모로 건축할 예정입니다. 황룡사에 앞으로 건축될 웅장하고 아름다운 탑을 상상해 보세요. 이 탑은 아마도 신라의 문화재 역사에 가장 중요한 부분을 장식할 아주 소중한 탑이 될 것입니다. 이 탑을 아버지님의 손으로 만든다고 생각해 보십시오. 우리의 후손들은 대대손손 그 탑을 보며 탑을 만든 사람의 숨결을 느낄 수 있을 것입니다. 따라서 아버지님은 탑과 함께 후손들의 마음속에 영원히 자리 잡을 수 있겠지요. 신라에도 탑을 만드는 사람들은 많이 있습니다. 그러나 저희가 아버지님께 부탁을 드리는 이유는 아버지님이야말로 금세기 최고의 예술가라고 생각했기 때문입니다.

   황룡사에 완성될 탑이 탑의 의미를 넘어서 역사에 길이 빛날 예술품으로 생각해 주시기 바랍니다. 아버지님의 손으로 만든 멋진 탑을 상상해 보세요. 탑을 보며 느끼는 벅찬 감동은 비단 신라인들의 것만은 아닐 것입니다. 문화와 예술을 사랑하는 모든 이들이 감동받을 수 있는 작품을 함께 만들어 보시는 것이 어떨까요? 아버지님의 결정이 우리 문화재의 역사를 바꿀 수도 있습니다. 현명한 결정을 기다리겠습니다.

   안녕히 계십시오.

○○○년 ○월 ○일
김대상 드림

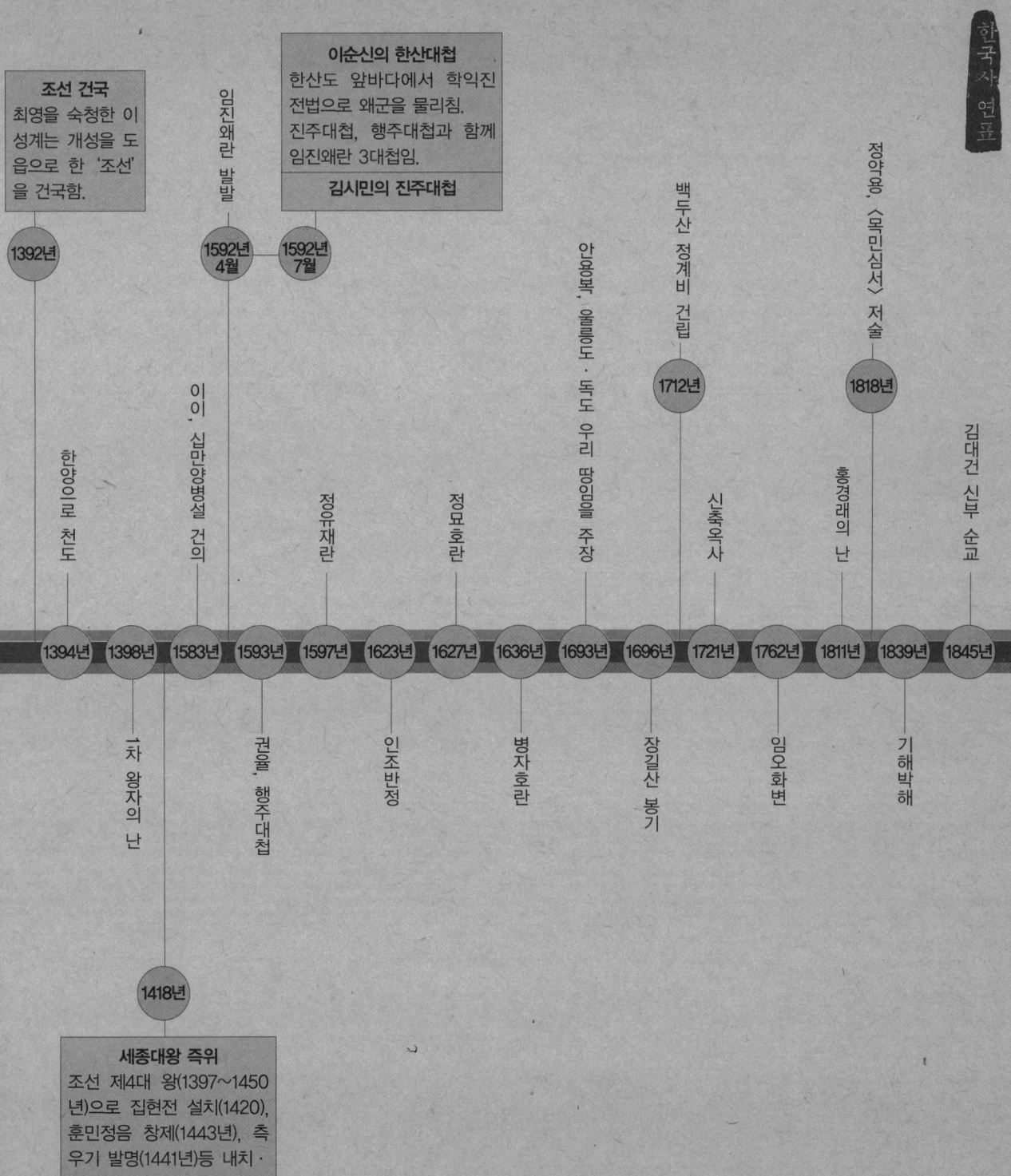

한국사 연표

- 1863년 — 흥선대원군, 정권 장악
- 1866년 — 병인양요
- 1871년 — 신미양요
- 1873년 — 대원군, 실각
- 1875년 — 운요호 사건
- 1876년 — 강화도 조약 체결
- 1881년 — 신사유람단, 영선사 파견
- 1882년 — 미국과 수호통상조약 체결, 임오군란, 제물포조약 체결
- 1883년 — 박영효, 태극기 처음 사용
- 1884년 — 우정국 설치, 갑신정변, 한성조약 체결
- 1885년 — 광혜원 설립, 거문도 사건
- 1886년 — 이화학당 설립
- 1889년 — 방곡령 선포
- 1894년 — 갑오개혁, 홍범 14조 제정, 동학농민 운동(갑오농민전쟁)
- 1895년 — 을미사변, 을미의병 운동
- 1896년 — 아관파천, 독립협회 독립신문 창간
- 1897년 — 경인선 철도 기공, 대한제국 성립
- 1898년 — 만민공동회 열림
- 1900년 — 경인선 철도 개통
- 1904년 — 러·일 전쟁, 한일의정서 체결
- 1905년 — 을사보호조약 체결

한국사 연표

1907년
- 국채보상운동, 헤이그 밀사 사건, 한일신협약 체결
- 일제, 통감부 설치

1919년
- 2·8 독립선언 발표, 3·1 운동, 대한민국 임시정부 수립, 제암리 학살 사건.

1945년
- 한반도 광복. 1910년 국권이 침탈된 이후 35년 동안 일제 강점기에서 해방됨.
- 건국준비단체 '조선인민공화국' 수립 발표.

위쪽 항목 (연표 위):
- 안중근, 이토 히로부미 암살
- 대한광복회 결성
- 신간회 창립
- 임시정부, 광복군 창설, 강제로 창씨개명
- 반민족 행위 특별조사위원회 발족

연표: 1906년 — 1908년 — 1909년 — 1911년 — 1915년 — 1918년 — 1920년 — 1926년 — 1927년 — 1929년 — 1940년 — 1942년 — 1946년 — 1948년 — 1949년

아래쪽 항목 (연표 아래):
- 동양척식주식회사 설립
- 신민회 사건
- 무오독립선언서 발표
- 김좌진, 청산리 전투유관순, 옥사
- 6·10 만세 운동
- 국민부 조직, 광주학생운동
- 조선어학회 사건
- 조선정판사 위폐 사건, 미소 공동위원회
- 제주 4·3 사건, 5·10 선거 실시, 대한민국 정부 수립.

1910년
- 한일병합조약 체결

1923년
- 상하이에서 국민대표회의 개최. 조산물산장려회 창립.

1932년
- 윤봉길 의거

- 김구 피살. 대한민국 임시정부 주석을 지낸 독립운동가로 육군 소위 안두희에게 암살됨.

한국사 연표

위쪽 (연도별 사건):
- 1950년: 6·25 전쟁 발발
- 1953년: 휴전협정 조인
- 1961년: 5·16 군사 쿠데타
- 1964년: 6·3 사태, 베트남 파병
- 1967년: 제2차 경제개발 5개년 계획
- 1973년: 6·23 평화통일 선언 발표
- 1977년: 제4차 경제개발 5개년 계획
- 1980년: 5·18 광주 민주화 운동
- 1987년: 대통령 직선제로 헌법 개정
- 1992년: 중국과 국교 수립
- 1994년: 북한, 김일성 사망
- 1998년: 김대중 대통령 취임, 노벨평화상 수상(2000년)
- 2001년: 인천 국제공항 개항
- 2005년: 청계천 복원, 황우석 논문 조작 파문
- 2008년: 이명박 대통령 취임

중앙 연표 (화살표 위):
1951년 → 1960년 → 1962년 → 1965년 → 1970년 → 1974년 → 1979년 → 1886년 → 1988년 → 1993년 → 1995년 → 2000년 → 2003년 → 2006년 → 2009년

아래쪽 (연도별 사건):
- 1951년: 거창 양민학살 사건
- 1960년: 3·15 부정선거, 4·19 혁명, 제2공화국 수립
- 1962년: 제1차 경제개발 5개년 계획
- 1965년: 한일 국교정상화
- 1970년: 새마을 운동 실시
- 1974년: 영부인 (육영수) 피살
- 1979년: 10·26 사건, 12·12 사태
- 1886년: 서울, 제10회 아시안 게임 개최
- 1988년: 노태우, 제6공화국 대통령으로 취임
- 1993년: 김영삼 대통령 취임
- 1995년: 유엔 안전보장이사회 비상임이사국에 선출
- 2000년: 김대중 대통령 방북
- 2003년: 노무현 대통령 취임, 대구 지하철 참사
- 2006년: 북한 핵실험, 한미 FTA 협상
- 2009년: 노무현 전 대통령 서거

추가 원형 항목:
- 1952년: 제1차 한일회담
- 1963년: 제3공화국 성립
- 1972년: 7·4 남북공동성명 발표 / 남북 적십자 회담 개최 / 10월 유신 단행(박정희) / 제4 공화국 수립 / 제3차 경제개발 5개년 계획
- 1981년: 제5공화국 출범
- 1991년: 남북한 유엔 동시 가입
- 1996년: 한국 OECD 가입
- 2002년: 월드컵 한일 공동 개최. 우리나라는 4강 신화를 이루었다.